세상은 소란스럽지만,
내 마음은 고요할 수 있다.

MEDITATIONS
마음의 평화를 찾는 가장 쉬운 길

초역 명상록

마르쿠스 아우렐리우스 지음
필로소피랩 엮음

Marcus Aurelius

마르쿠스 아우렐리우스

서기 121년, 로마에서 태어난 마르쿠스 아우렐리우스 Marcus Aurelius Antoninus 는 로마 제국의 제16대 황제 161~180년 입니다. 역사가들은 그를 '오현제五賢帝'* 의 마지막 인물로 평가하며, 그의 통치 시기는 로마의 황금기라 불립니다. 그러나, 그의 삶은 결코 평탄하지 않았습니다.

그의 재위 기간은 역병, 전쟁, 그리고 반란으로 끊임없이 흔들렸습니다. 유럽 전역에 퍼진 '안토니누스 역병 The Antonine Plague'은 제국 인구의 3분의 1을 앗아갈 만큼 참혹했고, 북방 게르만 부족들과의 끊임없는 충돌은 제국의 국경을 불안하게 만들었습니다. 또한 가장 신뢰했던 장군인 아비디우스 카시우스 Gaius Avidius Cassius 가 일으킨 모반은 또 다른 시련이었습니다. 더불어 그는 13명의 자녀 중 8명을 자신보다 먼저 떠나보내는 비극까지 겪어야 했습니다.

이처럼 외부의 혼란과 개인의 고통이 끊이지 않았던 시절, 아우렐리우스는 밤마다 전쟁터의 텐트에서, 혹은 궁전의 고요한 방에서 자신에게 질문을 던졌습니다.

---

* 고대 로마 최전성기를 이끈 5명의 황제를 일컫는 후대의 표현

"오늘 나는 내 감정에 휘둘리지 않았는가?"
"타인의 악행에 흔들리지 않고 내 원칙을 지켰는가?"
"죽음을 앞두고도 후회 없이 살고 있는가?"

그가 남긴 『명상록』은 타인에게 보여 주기 위한 목적으로 쓴 글이 아니라, 철저히 자기 성찰을 위한 기록입니다. 즉 한 인간이 황제로서, 그리고 인간으로서 자신의 내면을 정직하게 들여다보며 써 내려간 일기인 것입니다. 황제라는 지위도 그를 외부의 자극으로부터 완전히 자유롭게 만들 수는 없었습니다. 한 시대에 가장 큰 권력을 가졌던 인물조차, 마음의 평화를 위해 자신을 단련해야 했던 것입니다.

마르쿠스 아우렐리우스의 기마상
— 로마 캄피돌리오 광장(Capitoline Hill, Rome)

스토아 철학이란 무엇인가

아우렐리우스의 내면 훈련을 가능하게 한 것은 바로 '스토아 철학 Stoicism'입니다. 스토아 철학은 기원전 3세기경, 키프로스 출신의 철학자 제논 Zeno of Citium 에 의해 아테네에서 시작되었고, 이후 고대 그리스와 로마 시대에 걸쳐 세 시기로 발전했습니다.

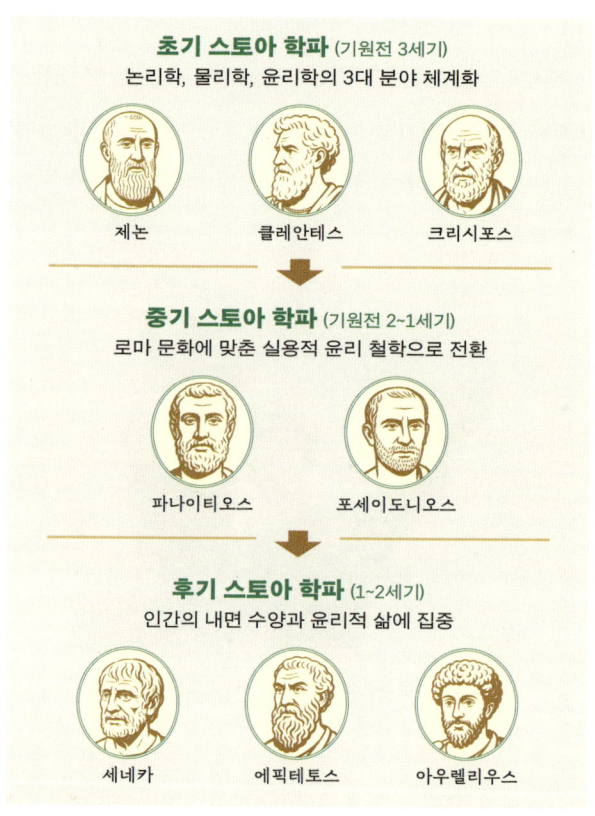

초기 스토아 학파 제논, 클레안테스Cleanthes, 크리시포스Chrysippus 는 논리학, 물리학, 윤리학의 3대 분야를 체계적으로 정립했고, 중기 스토아 학파 파나이티오스Panaetius, 포세이도니오스Posidonius 는 로마 문화에 맞게 보다 실용적인 윤리 중심 철학을 발전시켰습니다. 아우렐리우스가 속한 후기 스토아 학파 세네카Lucius Annaeus Seneca, 에픽테토스Epictetus 는 인간의 내면 수양과 윤리적 삶에 더욱 집중하게 됩니다.

흥미로운 것은 이 철학을 대표하는 인물들이 신분을 초월했다는 점입니다. 정치인이자 문필가였던 세네카, 노예였던 에픽테토스, 황제였던 아우렐리우스까지, 이들은 신분이나 재산, 권력에 관계 없이 모든 인간이 스스로를 다스릴 수 있다고 믿었습니다. 이는 곧 "모든 사람에게 철학이 필요하다"는 스토아 철학의 정신을 잘 보여 줍니다.

"통제할 수 없는 것은 받아들이고, 통제할 수 있는 것에 집중하라."

스토아 철학은 흔히 감정을 억제하는 철학으로 오해받지만, 그 본질은 감정을 부정하는 것이 아닌 '감정에 휘둘리지 않는 내면의 단련'입니다. 즉 타인의 행동, 날씨, 질병, 죽음과 같이 우리가 통제할 수 없는 외부 환경에 휘둘리지 말고, 오직 자기 자신의 가치관과 선택, 태도에 집중하라는 실용적인 철학인 것입니다. 이 관점은 아우렐리우스의 『명상록』 전체를 관통하는 중심 축이기도 합니다.

| 우리는 왜 다시 『명상록』을 읽는가

"고전은 모든 사람이 읽었다고 말하지만 아무도 읽지 않은 책이다"라는 말이 있습니다. 특히 철학서는 더욱 그러한데, 난해한 용어와 문장, 그리고 시대적 맥락의 차이가 낯설게 다가오기 때문입니다. 그럼에도 불구하고 우리가 다시 『명상록』을 펼치는 이유는, 그 안에 담긴 질문들이 2,000년이 지난 지금도 여전히 유효하기 때문입니다.

"나는 어떻게 살아야 하는가?"
"어떤 감정을 믿고, 어떤 유혹을 흘려보내야 하는가?"
"세상의 혼란 속에서도 나를 지키는 길은 무엇인가?"

『명상록』에서 아우렐리우스는 철학적 개념을 나열하거나 추상적인 담론을 펼치지 않습니다. 이 책은 매일의 삶 속에서 자기 자신을 다잡기 위한 문장들로, 황제였던 그가 하루하루의 선택 앞에서 스스로에게 건넨 질문과 결심이 담긴 기록입니다.

그래서 『명상록』을 읽는다는 것은, 철학이 삶에 어떻게 쓰일 수 있는지를 직접 느껴 보는 경험이기도 합니다. 멀고 어려운 학문이 아니라, '잘 사는 법'을 찾는 도구로서의 철학을 말입니다. 특히 아우렐리우스가 탐구했던 스토아 철학은 일상의 감정과 태도를 다듬는 데 초점을 둔 실용적인 학문으로, 오늘날에도 쉽게 적용하고 실천할 수 있다는 강점이 있습니다. 이렇듯 『명상록』이 현대 사회를 살아가는 우리에게도 울림을 주는 이유는, 그것이 단지 과거의 유산이 아니라 지금 이 순간에도 작동하는 살아 있는 지혜이기 때문입니다.

하지만 오늘날 그 문장들을 온전히 받아들이기 위해서는 '고전'이라는 형식적 장벽을 넘어, 그 안의 성찰과 정신에 다가가는 문을 열어줄 새로운 해석이 필요합니다.

『초역 명상록』을 쓰며

『초역 명상록』은 바로 그 생각에서 시작됐습니다. '초역抄譯'이라는 말은 의역을 넘어, 원문의 본질은 유지하되 독자의 삶에 더 깊이 닿도록 다시 써낸다는 뜻입니다. 한 문장 한 문장을 그대로 옮기는 것이 아니라, 지금 이 시대의 언어로 다시 이야기를 이어가는 것이지요.

이렇듯 『초역 명상록』은 고전 『명상록』을 현대인의 시선으로 풀어내면서도, 그 철학의 무게를 가볍게 흘려보내지 않기 위해 노력했습니다. 본문은 『명상록』의 문장들을 8개의 주제에 따라 재구성하고, 그와 어울리는 현대적인 해설과 사유를 함께 배치했습니다.

이 책은 철학을 먼 개념으로 설명하려는 것이 아니라, 지금 우리가 살아가는 순간에 연결되도록 만든 책입니다. 무엇이 옳고 그른지를 판단하기보다 내 삶에 진짜로 필요한 문장을 찾고 싶은 이들에게, 이 책이 안내자가 되기를 바랍니다.

차례

마르쿠스 아우렐리우스 | 2
스토아 철학이란 무엇인가 | 4
우리는 왜 다시 『명상록』을 읽는가 | 6
『초역 명상록』을 쓰며 | 7

1부 | 감정을 다스린다

걱정을 버린다 | 18
나를 괴롭히는 것은 나 자신이다 | 19
통제할 수 없는 일에 마음 쓰지 않는다 | 20
감정에 끌려다니지 않는다 | 21
나의 생각이 현실을 만든다 | 22
산만해진 집중력을 되찾는다 | 23
이루기 힘든 것을 갈망할 때 | 24
부정적인 생각이 들면 즉시 멈춘다 | 25
내 마음속으로 도망치기 | 26
본질에 집중하는 삶 | 27
어려움을 기회로 바꾼다 | 28
어떤 상황에서도 이성을 유지한다 | 29
어지러운 생각의 근원을 안다 | 30
분노가 차오를 때 | 31
무의미한 근심을 넘어서 | 32

2부 | 다른 사람에게 흔들리지 않는다

타인의 시선을 신경 쓰지 않는다 | 36
타인의 행동은 그들의 책임이다 | 37
칭찬에 들뜨지 않는다 | 38
타인의 말에 상처받았을 때 | 39
무례함 속에서도 평정을 지킨다 | 40
비난을 두려워하지 않는다 | 41
타인의 실수에 화가 날 때 | 42
칭찬에 집착하지 않는다 | 43
타인과 나를 비교하지 않는다 | 44
인정받고 싶을 때 | 45
타인의 잘못을 보는 겸손한 시선 | 46
타인에 대한 생각으로 시간을 낭비하지 않는다 | 47
내 평정심은 타인이 빼앗을 수 없다 | 48
타인의 판단에 얽매이지 않는다 | 49
혼란 속에서도 굳건히 나아간다 | 50

3부 | 가진 것에 만족한다

지금 가진 것으로 충분하다 | 54

욕망을 다스린다 | 55

덧없는 사치를 내려놓는다 | 56

모든 것에 감사하는 마음을 가진다 | 57

자연이 알려 주는 미니멀리즘 | 58

욕망의 함정을 경계한다 | 59

비교의 덫에서 벗어난다 | 60

단순하게 살아라 | 61

행복하기 위해 필요한 것은 생각보다 적다 | 62

소유에 대한 집착을 내려놓는다 | 63

물질 세계의 덧없음 | 64

충분함에서 오는 평온을 느낀다 | 65

과시보다 철학적 성찰을 택한다 | 66

많이 가질수록 불안하다 | 67

언제든 놓을 준비를 한다 | 68

4부 | 지금 이 순간을 충실히 살아간다

하루를 의미 있게 시작한다 | 72

미루지 않고 지금 행동한다 | 73

흩어진 마음을 한곳으로 모으기 | 74

미래를 두려워하지 않는다 | 75

매일이 마지막 날인 것처럼 | 76

시간을 소중히 여긴다 | 77

행복의 열쇠는 현재에 있다 | 78

작은 일이라도 최선을 다한다 | 79

이상적인 삶을 지금 이 순간에 살기 | 80

물방울이 모여 바다를 만든다 | 81

짧은 시간을 현명하게 쓴다 | 82

매 순간을 충실히 살아간다 | 83

대화에 온전히 집중하기 | 84

깊이 있는 삶을 산다 | 85

항상 새롭게 시작한다 | 86

| 5부 | **생각과 행동을 바르게 한다** |

선한 사람이 된다 | 90

정직하게 행동한다 | 91

편견에 휘둘리지 않는다 | 92

바른 행동을 습관으로 만든다 | 93

말보다 행동으로 보여 준다 | 94

정의로운 일이라면 그 길을 따른다 | 95

하기 싫은 일도 책임감 있게 한다 | 96

정직은 눈빛에 드러난다 | 97

품위와 정의로 마음을 다스린다 | 98

옳은 일에 반드시 칭찬이 필요한 것은 아니다 | 99

나를 위한 일이 아닌 모두를 위한 일 | 100

불필요한 것을 덜어 낸다 | 101

불의에 맞서는 태도 | 102

스스로 정의의 기준을 세운다 | 103

약한 사람을 돕는다 | 104

자신의 생각에 책임을 진다 | 105

무슨 일이 있어도 선함을 유지한다 | 106

결단력 있게 행동한다 | 107

좋은 평판을 유지하려 노력한다 | 108

6부 | 공동체 안에서 살아간다

타인을 이해한다 | 112

우리는 서로 돕기 위해 태어났다 | 113

모든 사람의 가치를 존중한다 | 114

남을 비난하기 전에 자신을 돌아본다 | 115

유머를 잃지 않기 | 116

까다로운 사람들과 어울리는 지혜 | 117

비판을 비난으로 받아들이지 않는다 | 118

모든 행동은 공동체의 일부이다 | 119

남에게 맡길 줄 아는 사람 | 120

원칙을 지키되 부드러움을 잃지 않는다 | 121

불완전함을 품는 용기 | 122

도움 받을 줄도 알아야 한다 | 123

잠시 피하는 것도 방법이다 | 124

각자의 역할을 존중한다 | 125

분노 대신 이해와 도움을 준다 | 126

사람을 다시 믿게 되는 순간들 | 127

7부 | 자연의 질서를 받아들인다

자연에는 옳고 그름이 없다 | 130

변화를 자연스럽게 받아들인다 | 131

모든 일에는 이유가 있다 | 132

시간은 계속 흐른다 | 133

짧은 인생의 기회를 잡는다 | 134

내 안에도 우주가 있다 | 135

자연의 순환을 이해한다 | 136

모든 것은 반복된다 | 137

혼돈 속에서도 이성의 빛을 지킨다 | 138

자연의 불완전함에서도 아름다움을 본다 | 139

우주의 선한 본질을 신뢰한다 | 140

전체 속에서 나의 역할을 찾는다 | 141

운명이 건네준 소중한 인연들 | 142

거울 앞에서 당신의 표정을 마주할 때 | 143

보이지 않는 힘을 보는 눈 | 144

8부 | 죽음을 두려워하지 않는다

오늘이 마지막 날이라면 | 148

죽음은 소멸이 아닌 전환 | 149

내 몫으로 주어진 삶 | 150

무엇을 그토록 얻겠다고 | 151

삶을 내려놓는 시간 | 152

무엇을 남기고 떠날 것인가 | 153

자연이 준비한 또 하나의 길 | 154

알면서도 놓치는 것들 | 155

기억되고 싶은 헛된 욕망 | 156

마지막까지 나를 지키는 일 | 157

인생이라는 한 편의 영화 | 158

삶은 잠시 빌린 옷일 뿐 | 159

생의 마지막을 담담히 받아들이기 | 160

삶과 죽음은 하나다 | 161

감정을 다스린다

1부

걱정을 버린다

【명상록 제8권 36장】

> 과거의 일은 이미 끝났고, 미래는 아직 오지 않았다. 오직 현재만이 당신의 통제 아래에 있다. 그러니 모든 걱정을 한꺼번에 짊어지지 말고, 지금 이 순간에 집중하여 마음의 평화를 지켜라.

걱정은, 이미 지나가버린 일과 아직 오지 않은 일에 대한
마음속 방황에서 시작됩니다.
우리는 과거와 미래를 붙잡고 끊임없이 마음을 소모하지요.
하지만 그 어떤 걱정도 과거를 바꾸지 못하고,
미래를 보장해 주지도 않습니다.

당신이 진짜로 손댈 수 있는 시간은 지금 이 순간뿐입니다.
현재에 집중하고, 지금 해야 하는 일에 성실히 임하는 것만이
불확실한 내일을 준비하는 가장 현실적인 방법입니다.
걱정은 오히려 행동할 힘을 앗아갈 뿐입니다.

마음이 불안할 때마다 스스로에게 물어보세요.
"나는 지금 어디에 있는가?"
"지금 이 순간, 내가 할 수 있는 일은 무엇인가?"

현재에 머무는 습관이 들면, 막연한 불안은 점차 잦아들고
평온과 명료함이 자리 잡기 시작할 것입니다.

나를 괴롭히는 것은 나 자신이다

【명상록 제8권 40장】

> 당신을 괴롭히는 것은 사건 자체가 아니라 그에 대한 당신의 판단이다. 진정한 자아인 이성이 스스로를 해치지 않도록 하라.

같은 일을 겪어도 어떤 사람은 침착함을 유지하고,
어떤 사람은 크게 동요합니다.
이러한 차이는 사건 자체가 아니라,
그 사건을 해석하는 나의 '마음속 설명'에서 비롯됩니다.
결국 불안을 만드는 것은 사건에 대한 우리의 판단이기 때문이지요.

어떤 일이 발생했을 때
곧바로 '나쁜 일이다' 또는 '큰일 났다'라고 단정 짓는 대신,
잠시 판단을 멈춰 보세요.
생각은 흘러가고 감정은 곧 가라앉습니다.
때로는 아무런 의미를 붙이지 않고 바라보는 것만으로도
마음은 놀라울 만큼 조용해집니다.

불안을 없애려 애쓰는 대신에
그 불안을 만들어 내는 판단을 내려놓는 연습을 하세요.
판단을 없애는 순간,
당신은 이미 불안에서 한 걸음 물러나 있게 될 것입니다.

통제할 수 없는 일에 마음 쓰지 않는다

【명상록 제6권 16장】

> 당신이 통제할 수 있는 것과 없는 것을 구분하라. 또한 통제할 수 없는 일에 맞서려 하지 말고 받아들이는 법을 배워라.

삶에는 내가 바꿀 수 있는 것과 그렇지 않은 것이 있습니다.
오늘의 날씨, 지나간 과거, 타인의 감정과 행동 같은 것은
우리의 손에서 벗어난 영역입니다.
하지만 우리는 때때로 그 둘을 구분하지 못하고,
바꿀 수 없는 일에 마음을 쏟으며 지쳐버리곤 하지요.

통제할 수 없는 것을 붙잡고 괴로워하는 것은
스스로 고통을 만들어 내는 것입니다.
마치 끊임없는 파도를 향해 멈추라고 소리치는 것과 같지요.
참된 지혜는 파도를 막는 것이 아니라, 흘러가게 두는 데 있습니다.

통제할 수 없는 일에 마음 쓰지 않고
내 의지로 바꿀 수 없는 것을 받아들일 때,
일상은 평온해지고 삶은 더 가벼워질 것입니다.

감정에 끌려다니지 않는다

【명상록 제2권 16장】

> 기쁨, 슬픔, 분노와 같은 감정들이 당신을 지배하지 못하게 하라. 감정에 압도될 때 우리의 영혼은 평정을 잃고 혼란에 빠진다. 이성적 존재로서 당신의 본성은 그보다 더 높은 곳에 있다.

감정의 소용돌이는 우리의 일상을 손쉽게 지배합니다.
순간적인 기쁨에 들떠 충동적인 결정을 내리거나
분노에 휩싸여 후회할 말을 내뱉고,
두려움 때문에 도전의 기회를 놓치기도 하지요.

감정에 끌려다니면,
우리는 순간의 기분에 따라 말하고 행동하게 됩니다.
그러다 보면 후회할 결정을 내리거나
애초에 원했던 것과는 전혀 다른 상황에 처하게 되지요.
중요한 것은 감정을 있는 그대로 인식하고,
그것에 휘둘리지 않는 태도입니다.

나의 내면에는 언제나 고요한 본성이 자리하고 있습니다.
그 본성을 기억하면,
감정의 소용돌이 속에서도 중심을 잃지 않을 수 있습니다.
감정을 느끼되 끌려가지 마세요.
당신은 감정의 파도보다 더 넓고, 더 강한 존재입니다.

나의 생각이 현실을 만든다

【명상록 제12권 22장】

> 마음이 소란스러워진다면, 외부 환경 때문이 아니라 자신의 판단 때문임을 기억하라. 시선을 바꾸면 그 순간부터 현실은 달라질 수 있다.

우리의 삶은,
어떤 사건을 바라보는 '우리의 시선'에 따라 정의됩니다.
당신이 어떤 렌즈를 통해 세상을 바라보느냐에 따라
같은 현실도 전혀 다른 경험이 되기 때문이지요.

실패를 배움의 기회로 바라보는 사람과
치명적인 좌절로 바라보는 사람은
전혀 다른 삶을 살게 됩니다.
당신의 해석이 곧 당신의 현실이 되는 것입니다.

나의 생각은 언제든 바꿀 수 있습니다.
그리고 생각이 바뀌면,
내가 경험하는 세상도 함께 바뀝니다.

이것이 진정한 자유의 시작이며,
어떤 상황에서도 평온함을 유지할 수 있는 힘입니다.
자신의 생각을 의식적으로 선택하는 것은
더 깊이 있고 명확하게 사는 길임을 잊지 마세요.

산만해진 집중력을 되찾는다

【명상록 제6권 11장】

> 언제든 외부 환경이 당신의 평화를 방해할 때, 신속히 자신에게 돌아옴으로써 마음의 균형을 깨뜨리지 말라. 평정을 유지하는 습관을 들이면, 다시 평화를 회복하는 능력이 커질 것이다.

세상은 늘 소란스럽습니다.
스마트폰 알림, 끊임없는 메시지, 쏟아지는 뉴스와 정보들이
우리의 주위를 흔들며 집중력을 분산시키지요.
그럴수록 마음은 흐트러지고,
우리는 자신도 모르게 중심을 잃은 채 하루를 보내게 됩니다.

이럴 때 필요한 것은 나 자신에게로 돌아오는 연습입니다.
지금 내 마음이 어디에 있는지를 알아차리면
흐트러진 정신은 조금씩 가라앉기 시작합니다.
이처럼 방해 속에서도 다시 평정으로 돌아올 수 있는
힘을 가지는 것이 중요합니다.

평정을 유지하는 능력은 반복을 통해 자라납니다.
산만해졌음을 알아차릴 때마다 그 자리에서 숨을 고르고,
마음을 정돈하는 습관을 들이세요.
그렇게 한 번 두 번 연습할수록,
점점 더 쉽게 고요함 속으로 돌아올 수 있을 것입니다.

이루기 힘든 것을 갈망할 때

【명상록 제5권 8장】

> 원하는 것이 뜻대로 되지 않아 괴로울 때는, 원하는 것을 바꾸어라. 외부 세계가 당신의 바람대로 변하기를 기대하지 말고, 현실을 있는 그대로 받아들여 당신의 기대를 그에 맞게 조정하라.

살다 보면 현실이 기대에 미치지 않을 때가 있습니다.
마음속 이상은 높지만 눈앞의 현실은 따라오지 않고,
그 사이에서 실망, 분노, 무력감 같은 감정이 생겨나지요.

이루기 힘든 욕심 때문에 괴롭다면,
세상을 바꾸려 애쓰기보다는 욕심의 방향을 조정해 보세요.
외부 환경을 억지로 내 뜻대로 바꾸려고 하면
갈등과 좌절만 커지기 마련입니다.

반대로 현실을 인정하고 욕망의 크기를 줄이면
마음은 훨씬 가벼워집니다.
이것은 무기력한 포기가 아니라 내면의 질서를 찾는 과정입니다.

현실에 맞게 기대를 줄이고
내가 통제할 수 없는 일에 매달리지 않을 때,
비로소 고통은 작아지고 평온이 찾아올 것입니다.

부정적인 생각이 들면 즉시 멈춘다

【명상록 제5권 2장】

> 부정적인 생각이 떠오를 때마다 즉시 그것을 중단하라. 그러면 놀랍도록 쉽게 마음의 평화를 찾게 될 것이다.

부정적인 생각은, 한 번 들면 멈추지 않고
끊임없이 다른 부정적인 생각을 끌어옵니다.
마찬가지로 하나의 의심은 또 다른 의심을 부르고,
사소한 불만은 금세 삶 전체에 대한 회의로 번지기도 하지요.

그렇기 때문에 우리는,
부정적인 생각이 커지기 전에 바로 끊는 습관을 들여야 합니다.

나쁜 생각이 떠오르는 순간 의식적으로 생각을 멈춰 보세요.
그러고 나서 심호흡을 하거나 몸을 움직이면서,
주의를 다른 곳으로 돌려 보세요.

부정적인 생각은 항상 당신의 통제 아래에 있습니다.

내 마음속으로 도망치기

【명상록 제4권 3장】

> 언제든 당신이 원한다면, 당신의 내면으로 물러나 평화를 찾을 수 있다.
> 그 어떤 곳보다 평화롭고 고요한 장소가 바로 당신의 마음이다.

바쁜 일정과 끊임없는 요구 속에서,
우리는 지속적으로 외부 자극에 노출됩니다.
이런 소음 속에서 평화를 찾는 일은
때때로 불가능해 보이기까지 하죠.

하지만 진정한 평화는 외부가 아니라 우리 안에 있습니다.
타인의 기대에 얽매이지 않고
나 자신을 설명하지 않아도 되는 그 조용한 공간에서,
우리는 진짜 나와 마주하게 됩니다.

하루 중 잠시라도 모든 외부 활동을 멈추고
나만의 호흡과 감각에 집중해 보세요.

내면의 평화를 경험하는 사람은
더 이상 외부에서 안정을 찾지 않습니다.
그것은 늘 나 자신 안에 있었음을 깨닫게 되니까요.

본질에 집중하는 삶

【명상록 제7권 29장】

> 지나친 상상에 빠지지 말고, 타인에게 휘둘리지 말며, 현재에 충실하라. 모든 상황을 있는 그대로 이해하고, 사물의 본질을 꿰뚫어 보라. 삶의 유한함을 기억하고, 다른 이들의 실수는 그들의 것으로 남겨 두어라.

우리는 종종 미래에 대한 과도한 상상에 빠져 현재를 놓칩니다.
무수한 가능성들로 머릿속을 가득 채우고,
실제로 존재하지 않는 시나리오에 에너지를 쓰지요.

그러나 삶의 진정한 의미는 지금 이 순간에 있습니다.
벌어지지 않은 일들이 아니라,
눈앞의 현실을 있는 그대로 바라보세요.
불필요한 상상들을 걸러 내고 오직 본질에만 집중하세요.

내면의 잡념을 걷어 내면,
삶은 놀라울 정도로 단순해집니다.

우리의 시간은 유한합니다.
허상과 불필요한 생각들로 시간을 낭비하지 마세요.
지금 이 순간, 바로 여기에 온전히 머물러야 합니다.

어려움을 기회로 바꾼다

【명상록 제4권 1장】

> 그 어떤 일이 일어나도 당신은 모든 일을 당신에게 유용하게 만들 수 있다. 정신의 힘을 지닌 사람에게는 장애물이 없다.

인생에서 우리는 예기치 못한 실패와 상실을 경험합니다.
이런 상황들은 우리의 계획과 기대를 완전히 뒤엎을 수 있습니다.
하지만 어떤 일이 닥치든,
그것을 어떻게 받아들이느냐에 따라 전혀 다른 결과가 만들어집니다.

어려움을 성장의 기회로 만드는 연습을 해 보세요.
실패를 두려워하지 말고, 오히려 배움의 단계로 받아들이세요.
장애물을 만날 때마다,
"이것이 내게 무엇을 가르치려 하는가?"라고 자문해 보세요.
상황의 의미를 결정하는 것은 당신의 반응입니다.

실패는 끝이 아니라 새로운 시작입니다.
그 과정에서 당신은 더 강하고 지혜로워질 것입니다.
단단한 벽으로 보이는 것이 당신의 방해물이 될지,
새로운 길을 여는 문이 될지는 결국 당신에게 달려 있습니다.

어떤 상황에서도 이성을 유지한다

【명상록 제10권 33장】

외부 환경이 어떻게 변하든, 당신의 이성은 고요한 호수처럼 평온할 수 있다. 장애물은 당신이 허락하지 않는 한 내면의 평화를 해치지 못한다.

세상은 끊임없이 변하고, 뜻밖의 상황은 언제든지 일어납니다.
하지만 진짜 평온은, 폭풍이 몰아칠 때에도
중심을 유지하는 힘에서 비롯됩니다.

상황이 순조로울 때는 누구나 차분할 수 있습니다.
그러나 예상하지 못한 일 앞에서 드러나는 태도가
당신의 진짜 내면을 보여줍니다.

세상이 시끄러울수록 더 깊은 침묵 속으로 들어가 보세요.
그것은 도피가 아니라 선택입니다.
감정이 격해지고 분위기가 흐트러지는 순간에도
호흡을 가다듬고 한 발 물러설 수 있다면,
이미 절반은 극복한 셈입니다.

마치 폭풍 속의 눈처럼,
당신 안에도 그 어떤 상황에서도 흔들리지 않는 중심이 있습니다.
그곳에 머무는 법을 익히면 외부의 변동은 배경이 될 뿐,
당신의 본질은 흔들지 못할 것입니다.

어지러운 생각의 근원을 안다

【명상록 제9권 13장】

> 당신의 마음을 흐트러뜨리는 것은 밖에서 오는 소음이 아니라 안에서 울리는 메아리이다. 그 근원을 바라보면, 당신은 고요함 속으로 들어설 수 있다.

아무 일도 일어나지 않았는데도
마음이 불안한 날들이 있습니다.
머릿속은 어지럽고 감정은 흐릿한데
그 혼란의 정체가 무엇인지조차 알 수 없지요.

불안은 일어나지 않은 일을 반복해서 그려 내고,
지나간 순간들을 끊임없이 재해석하며
마음속에 그림자를 드리웁니다.

이 소란한 생각의 흐름을 바라보세요.
당신의 호흡, 몸의 감각, 주변의 작은 소리들을 느끼면서
지금 이 순간에 집중해 보세요.
생각들은 그저 스쳐 지나가는 구름입니다.

그 흐름에 휩쓸리지 않고 관찰자의 시선으로 바라볼 때,
비로소 생각의 실체가 드러나고 마음은 고요해질 것입니다.

분노가 차오를 때

【명상록 제6권 6장】

> 가장 현명한 복수는 악행을 한 사람과 같은 사람이 되지 않는 것이다. 분노에 휩쓸려 같은 방식으로 대응한다면 당신도 그 악행에 동참하는 것이다. 냉정함을 유지하는 것이야말로 가장 강력한 응답이다.

누군가가 당신에게 깊은 상처를 줬을 때,
같은 방식으로 갚아 주고 싶은 마음이 들 수도 있습니다.

하지만 생각해 보세요.
그런 생각에 휩쓸린다면,
당신 또한 그와 비슷한 사람이 되는 것은 아닐까요?
당신이 경멸했던 바로 그 행동을 반복하는 것은 아닐까요?

진정한 강함은 보복하는 능력이 아닌,
보복하지 않을 수 있는 자제력에 있습니다.

분노의 파도가 밀려올 때
그것에 휩쓸리지 않고 단단히 서 있는 것,
그것이야말로 가장 강력한 대응입니다.

무의미한 근심을 넘어서

【명상록 제10권 29장】

어떤 일을 할 때 잠시 멈춰서 자문해 보라. "내가 지금 죽음을 두려워하는 이유는 단지 이 일을 끝마치지 못할까 봐서인가?" 이렇게 생각하면 많은 집착과 근심이 사라질 것이다.

마음이 불안하고 흔들릴 때에는 이렇게 생각해 보세요.
"이 일이 정말 그렇게 중요한가?"
"만약 내일 모든 것이 사라진다면,
여전히 이 일에 이렇게 마음을 쓸까?"
이 질문은 순간의 감정을 한 걸음 떨어져서 바라보게 해 줍니다.

우리가 붙잡고 있는 걱정과 불만 중 다수는
결국 사소한 일에 불과합니다.
시간이 흐르면, 이 순간의 동요는
그만큼 절박한 것이 아니었다는 것을 깨닫게 될 거예요.

삶의 본질을 기억하세요.
모든 것은 잠시이고, 당신의 평온은 선택에 달려 있습니다.
깊게 숨을 쉬고 다시 중심으로 돌아오면 됩니다.

다른 사람에게 흔들리지 않는다

2부

타인의 시선을 신경 쓰지 않는다

【명상록 제12권 4장】

> 당신이 스스로를 평가할 때, 자신의 기준보다 타인의 의견에 더 무게를 두는 이유는 무엇인가? 그들의 판단이 당신에게 무슨 가치가 있는가?

현대 사회에서 우리는 끊임없이 남들의 평가에 노출됩니다.
SNS에서의 '좋아요' 수, 동료들의 평가, 지인들의 시선까지,
우리는 자신도 모르게 타인의 의견에
꽤 많은 부분을 의존하며 살아가지요.

하지만 남의 의견에 휘둘릴 때마다,
우리는 스스로의 평가 기준을 잃게 됩니다.
남들은 당신의 의도와 노력을 온전히 알 수 없습니다.
그들이 당신에 대해 어떻게 생각하든,
그것은 당신의 본질적 가치를 결정하지 못합니다.

당신이 옳다고 믿는 것을 하고,
중요하다고 생각하는 가치를 추구하세요.
그래야 타인의 시선이라는 무거운 짐에서 해방되어,
비로소 진정한 자신을 찾을 수 있을 것입니다.

타인의 행동은 그들의 책임이다

【명상록 제5권 25장】

> 타인의 행동은 나의 관심사가 아니다. 그들의 행동은 그들의 책임이며, 나는 오직 내 본성에 충실할 뿐이다.

우리는 종종 사람들과의 갈등이
'그들이 잘못해서' 생긴다고 생각합니다.
그래서 그들이 바뀌어야 문제도 해결된다고 믿지요.
하지만 이런 생각은 우리를 반복되는 좌절 속에 머물게 만듭니다.

타인의 행동은 그들의 책임이며,
우리가 통제할 수 있는 영역이 아닙니다.

타인의 행동을 바꾸려는 시도를 내려놓고,
오직 자신의 반응에만 집중해 보세요.
우리는 다른 사람의 마음이나 행동은 통제할 수 없지만,
나의 태도와 생각은 언제든지 선택할 수 있습니다.

우리가 할 수 있는 최선은 남들의 행동에 일희일비하지 않고,
오직 자신의 본성에 충실하는 것입니다.
타인이 아닌 자신에게 집중할 때,
외부 환경에 좌우되지 않는 안정감을 찾을 수 있습니다.

칭찬에 들뜨지 않는다

【명상록 제4권 20장】

> 진정으로 가치 있는 것은 외부의 칭찬을 필요로 하지 않는다. 당신의 선함과 참됨은 에메랄드처럼 그 자체로 빛나며, 타인의 인정 없이도 그 아름다움을 유지한다.

칭찬은 달콤한 독과 같습니다.
그 순간 기분은 좋아지지만,
지나치게 의존하기 시작하면 자유를 잃게 되죠.

누군가가 당신을 칭찬할 때 과도하게 기뻐한다면,
그 칭찬이 사라졌을 때 자신의 가치마저 의심하게 될 것입니다.
칭찬은 언제나 변할 수 있는 것이기 때문입니다.

오늘은 당신을 칭찬하던 사람이
내일은 아무 이유 없이 차갑게 대할 수도 있습니다.
그런 외부의 평가에 기분이 오르락내리락한다면,
당신의 자존감은 남의 말 한마디에 휘청이게 되겠지요.

중요한 것은 외부의 시선이 아니라 당신 안에 있는 기준입니다.
칭찬은 감사히 받아들이되, 거기에 마음을 묶어 두지는 마세요.
타인의 인정 없이도 만족할 수 있을 때,
비로소 진짜 자유가 찾아옵니다.

타인의 말에 상처받았을 때

【명상록 제8권 47장】

> 다른 사람의 말이 당신을 괴롭히는가? 그 말 자체보다는 우리가 부여한 의미가 고통을 만든다. 이 해석은 당신이 제거할 수 있으며, 생각을 바꾸면 고통도 사라질 것이다.

누군가의 상처 되는 말이 당신을 괴롭히고,
그 말로 인해 마음의 평화를 잃고 있나요?
이럴 때 우리는 어떻게 평정을 유지할 수 있을까요?

상처 주는 말은
그저 그 말을 한 사람의 판단에서 나온 것에 불과합니다.
그들은 자신의 이해와 경험에 따라 그런 말을 한 것뿐이죠.

그런데 생각해 보세요.
만약 그 말이 사실이 아니라면,
왜 당신이 그것 때문에 괴로워해야 할까요?
유익한 피드백이라면 기꺼이 받아들이고,
아니라면 그냥 흘려보내세요.

상처를 주는 말 그 자체보다 더 중요한 것은
그 말에 우리가 어떤 태도를 취하는가입니다.
당신의 반응은, 전적으로 당신의 선택에 달려 있습니다.

무례함 속에서도 평정을 지킨다

【명상록 제2권 1장】

> 아침에 일어날 때마다 생각하라. 오늘 나는 무례하고 오만하며, 비사회적인 사람들을 만나게 될 것이다. 하지만 나는, 그들도 나와 같은 이성을 지닌 인간이며 같은 세계를 살아가는 동류라는 것을 안다. 그러므로 나는 그들에게 화내지도, 그들을 미워하지도 않을 것이다.

살다 보면 다양한 사람들을 만나게 됩니다.
친절한 이들도 있지만, 무례하고 이기적인 사람들도 있죠.
그런 이들과 마주할 때 우리는 쉽게 분노하고 실망하며,
감정에 휘말려 하루를 망치기도 합니다.

그러니 아침에 일어날 때마다 스스로에게 말해 보세요.
"오늘 나는 무례하고 오만한 사람들을 만나게 될 것이다."
미리 마음을 준비하면, 실제로 그런 상황을 마주했을 때
훨씬 침착하게 대응할 수 있습니다.

더 중요한 것은,
그들 역시 나처럼 불완전한 인간이라는 사실입니다.
불쾌한 행동 대부분은 무지에서 비롯된 것이며,
그들도 이성을 가진 존재라는 점을 기억하세요.

이러한 이해와 연민의 태도는 불필요한 분노를 줄이고,
우리를 더 평화로운 삶으로 이끌어줄 것입니다.

비난을 두려워하지 않는다

【명상록 제5권 3장】

> 세상 사람들의 비난을 두려워하는 사람은 결코 자신이 의도한 일을 이룰 수 없다. 사람들은 언제나 비난할 이유를 찾기 때문이다.

비난에 대한 두려움 때문에
도전을 피하거나 자신의 의견을 숨기고 있지는 않나요?
어떤 선택을 하든, 어떤 길을 가든,
당신을 비난하는 사람은 항상 있을 것입니다.

모든 사람을 만족시키려는 시도는
끝없는 미로에 빠지는 것과 같습니다.
그렇게 살다 보면,
어느새 자신의 방향과 목적을 잃어버리게 되지요.

세상의 비난을 두려워하는 사람은
결코 자신이 진심으로 원하는 길을 끝까지 걸을 수 없습니다.
비난은 어차피 피할 수 없는 것이니,
차라리 나의 뜻대로 살아가는 편이 낫습니다.

자신의 길을 따르는 사람만이 진정으로 자유롭게 살 수 있고,
자신의 가능성을 온전히 펼칠 수 있다는 것을 잊지 마세요.

타인의 실수에 화가 날 때

【명상록 제9권 42장】

> 누군가의 잘못에 화가 날 때는 자문하라. "이 세상에 잘못을 저지르는 사람이 없다는 것이 가능한가?" 그것은 불가능하다. 그렇다면 불가능한 일을 기대하지 말라. 당신의 화는 타인이 아닌 당신 자신의 기대에서 비롯된 것임을 깨달아라.

누군가의 잘못된 행동에 화가 날 때가 있습니다.
그럴 때마다 우리는 그 사람이 왜 그렇게 행동했는지
이해할 수 없어 괴로워합니다.
하지만 이런 상황을 다른 관점에서 바라볼 필요가 있습니다.
인간은 누구나 실수를 하기 때문이죠.

우리가 화를 느끼는 진짜 원인은 타인의 행동 자체가 아니라,
그들이 그런 행동을 하지 않을 것이라는
비현실적인 기대 때문입니다.

남들의 실수를 보았을 때,
분노하는 대신 관용의 태도를 가져 보세요.

그들의 선택이 우리의 기대와 다르다고 해서
놀라거나 화를 낼 필요는 없습니다.
당신의 분노는 타인이 아닌 당신 자신만 해치게 될 테니까요.

칭찬에 집착하지 않는다

【명상록 제6권 51장】

> 명성을 추구하는 사람은 자신의 가치를 다른 사람들의 칭찬에 의존한다. 반면 지혜로운 사람은 자신의 이성적 활동 자체를 가장 가치 있게 여긴다.

사람들은 자신이 '잘 살고 있다'는 것을 증명하고 싶어 합니다.
그래서 타인의 인정과 관심은
자신의 존재를 확인하는 기준이 되곤 하지요.
하지만 이런 인정에 대한 갈망은
끝없는 불안과 자기 의심의 악순환을 만들어 낼 수 있습니다.

명성을 좇는 삶은 결국 '보이는 나'를 위한 삶입니다.
하지만 정말 중요한 것은, 아무도 보지 않을 때의 내 모습입니다.
누구의 칭찬도 박수도 없는
그 조용한 순간의 태도가 진짜 나를 말해 줍니다.

묵묵히 자신의 길을 가며
결과보다는 방향에 집중하는 삶이야말로
내면의 덕을 쌓는 길이며,
세상의 소음에 흔들리지 않는 힘입니다.

타인과 나를 비교하지 않는다

【명상록 제6권 16장】

> 타인과 자신을 비교하는 순간, 당신은 내면의 가치를 잊고 외부의 가치에 의존하게 된다. 이런 외적 가치를 추구하면 필연적으로 그것을 가진 이들에게 질투와 의혹을 품게 되고, 그것을 빼앗으려는 음모를 꾸미게 된다.

화려한 여행 사진을 자랑하는 친구,
내 집 마련에 성공한 직장 동료,
주말마다 아이들과 캠핑을 다니는 지인의 모습을 볼 때마다
자신의 모습과 비교하고 있지는 않나요?

남과 비교할 때마다 우리는
나만의 독특한 여정과 가치를 무시하게 되고,
다른 사람들의 특별한 순간과 자신의 평범한 하루를 견주며
불필요한 좌절감을 경험합니다.

당신의 인생은 남들과 경쟁하는 경주가 아닙니다.
우리 모두는 각자 다른 출발점과 목표를 가지고 있으니,
오직 어제의 자신과 비교하며
한 걸음씩 나아가는 것만이 의미 있는 비교입니다.

당신이 가진 것, 당신만의 강점과 재능에 집중하세요.
그것만으로 충분합니다.

인정받고 싶을 때

【명상록 제7권 62장】

> 누구에게 인정받고 싶은가를 스스로 묻고, 그들의 판단과 욕망의 뿌리를 살펴보라. 그러면 그들의 평가에 흔들릴 이유가 사라질 것이다.

우리는 타인의 인정을 갈망하는 사회에 살고 있습니다.
특히 우리가 존경하는 사람들에게서 받는 인정은
더욱 특별하게 느껴지지요.

하지만 잠시 멈추고 자문해 볼 필요가 있습니다.
정확히 누구에게 인정받고 싶은지,
그리고 그들은 어떤 사람들인지 말이죠.

당신이 인정받기를 원하는 사람들은 어떤 가치관을 가지고 있나요?
그들의 판단은 항상 옳은가요?
이런 질문들을 통해, 당신은 그들의 관점이 주관적일 수 있고
때로는 잘못될 수도 있음을 깨닫게 될 것입니다.

이러한 통찰을 얻게 되면
더 이상 타인의 인정에 흔들리지 않게 됩니다.
즉 다른 사람의 기준이 아닌,
스스로 옳다고 믿는 방향에 따라 살아갈 수 있을 것입니다.

타인의 잘못을 보는 겸손한 시선

【명상록 제7권 26장】

> 다른 이의 잘못을 판단하기 전에, 그의 관점과 선악에 대한 인식을 이해하라. 그리고 같은 상황에서 자신도 유사한 선택을 할 수 있음을 겸손히 인정하라.

누군가가 당신에게 잘못을 저질렀을 때,
우리는 흔히 화를 내거나 실망하기 마련입니다.

하지만 그런 반응을 보이기 전에
그 사람이 왜 그런 행동을 했는지,
그의 관점에서 어떤 가치판단이 작용했는지 고민해 보세요.

아마도 그 사람은 자신의 행동이 옳다고 진심으로 믿었거나,
그 상황에서 최선의 선택이라고 판단했을 수 있습니다.

그리고 같은 상황에 처했다면
당신도 비슷한 선택을 했을지 모릅니다.
결국 우리는 모두 제한된 정보로 판단할 수밖에 없는
불완전한 존재이니까요.

이런 이해의 자세는,
분노를 줄이고 관계를 회복하는 첫걸음이 될 것입니다.

타인에 대한 생각으로 시간을 낭비하지 않는다

【명상록 제3권 4장】

> 다른 사람이 무슨 생각을 하고, 무슨 말을 하며, 어떤 삶을 사는지는 당신의 일이 아니다. 당신은 오직 지금 이 순간, 자신이 해야 할 일에 집중해야 한다. 마음이 흐트러질수록 삶은 본질에서 멀어진다.

다른 사람들의 삶과 행동에 지나친 관심을 기울이고 있진 않나요?
SNS가 발달된 요즘, 우리는 타인의 삶을 들여다보는 데
지나치게 많은 시간을 소비하곤 합니다.

하지만 이러한 관심은 대부분 불필요하고 소모적입니다.
타인의 일에 몰두할수록,
정작 우리가 해야 하는 일에 필요한 에너지와 시간을 잃기 때문이죠.

마음이 흐트러지고 집중력이 흩어지면,
우리의 삶은 본질에서 점점 멀어집니다.

타인의 생각이나 시선에 지나치게 얽매일 필요는 없습니다.
진정으로 중요한 것은 지금 이 순간,
당신이 해야 할 일에 온전히 집중하는 것입니다.

내 평정심은 타인이 빼앗을 수 없다

【명상록 제10권 13장】

> 당신을 비난하는 사람들을 자세히 살펴보라. 그들도 결국 잠자리에 들고 식탁에 앉는 보통 사람들일 뿐이다. 그들이 진정 빼앗으려는 것은 당신의 이성과 평정심이다. 정의롭고 올바른 행동은 어떤 비난으로도 변하지 않는다.

평정심은 외부에서 오는 것이 아닙니다.
그것은 오직 내면의 기준,
즉 내가 옳다고 믿는 원칙을 지켜가는 데에서 비롯됩니다.

사람들은 당신을 때로는 칭찬하고, 때로는 헐뜯습니다.
그러나 자세히 들여다보면, 그러한 말을 내뱉는 이들 역시
자신의 감정과 판단에 흔들리는 보통 사람들일 뿐입니다.

진정으로 중요한 것은 당신이 어떤 마음으로 선택을 했고,
그 선택에 어떤 책임을 지고 있는가입니다.

누군가의 비난이 당신의 중심을 무너뜨리게 둘 것인지,
아니면 그것을 더 단단해지는 기회로 삼을 것인지는
언제나 당신에게 달려 있습니다.

그러니 그들의 비난이 당신 마음의 평화를 빼앗지 못하게 하세요.

타인의 판단에 얽매이지 않는다

【명상록 제8권 56장】

> 타인의 생각과 선택은 내가 통제할 수 없으며, 나의 것과 별개로 존재한다. 각자의 의지와 판단은 독립적이므로, 그것을 걱정하는 것은 쓸데없는 일이다.

타인의 생각은 우리가 통제할 수 없는 영역입니다.

다른 사람들이 당신을 어떻게 생각하는지는
그들의 경험, 관점, 그리고 제한된 정보에 기반합니다.
그들은 당신의 전부를 볼 수 없고,
당신 내면에서 어떤 일이 일어나는지도 알지 못합니다.

결국 그들의 판단은 당신 자체에 대한 것이 아니라,
그들 자신의 인식 세계 안에서 만들어진 이미지일 뿐이죠.

남들의 판단에 신경 쓰는 대신,
당신의 진실에 집중해 보세요.

당신이 누구이고 무엇을 위해 살아가는지를 분명히 알고 있다면,
타인의 의견은 당신을 흔들 수 없습니다.
당신의 평화가 타인의 판단 위에 세워져 있다면,
그것은 너무나 쉽게 무너지는 평화일 테니까요.

혼란 속에서도 굳건히 나아간다

【명상록 제2권 7장】

마음이 어지러울 때마다 자문하라. "지금 나는 무엇을 배우고 있는가?" 외부의 혼란에 휘둘리기보다, 더 나은 생각과 삶을 향해 나아가라. 만약 방향이 정해지지 않았다면, 서둘러 움직이기보다 먼저 어디로 가야 할지부터 생각하라.

외부 상황이 우리의 마음을 혼란스럽게 만들 때가 있습니다.
예상치 못한 일, 계획의 틀어짐, 환경의 변화 속에서
우리는 쉽게 동요하고 집중력을 잃기도 하지요.

이럴 때의 선택지는 두 가지입니다.
불안에 휘말리거나,
또는 이 상황을 배우고 성장하는 기회로 삼는 것.

마음이 흔들릴 때마다 스스로에게 물어보세요.
"지금 이 상황에서 내가 배울 수 있는 것은 무엇인가?"

또한 무작정 바쁘게 움직이기보다는,
잠시 멈추어 방향을 점검하세요.

외부의 소란에 휘둘리기보다,
더 나은 생각과 삶을 향해 에너지를 쓰는 것이
훨씬 지혜로운 길입니다.

가진 것에 만족한다

3부

지금 가진 것으로 충분하다

【명상록 제6권 16장】

우리는 가진 것에 만족하지 못하고 더 나은 것을 찾으려 끊임없이 흔들린다. 그러나 만약 자신 안에, 필요한 모든 것이 이미 갖추어져 있고 그것에 따라 살 수 있다면, 그것보다 더한 만족이 어디에 있겠는가? 그 무엇도 더 바랄 필요가 없다.

현대 사회는 우리에게 끊임없이 무언가를 더 원하도록 부추깁니다.
더 좋은 스마트폰, 더 넓은 집, 더 높은 연봉…
이 모든 욕망의 끝은 어디일까요?

우리는 마치 갈증을 바닷물로 해소하려는 사람과 같습니다.
마실수록 더 목이 마르고, 가질수록 더 원하게 되는 것이지요.
이렇게 무한한 욕망의 순환에서 빠져나올 수 있는 방법은,
바로 '충분함'을 인식하는 것입니다.

진정한 풍요는 많은 소유에 있지 않고,
오히려 욕망을 줄임으로써 찾을 수 있습니다.

당신의 삶에서 진정으로 가치 있는 것이 무엇인지 생각해 보세요.
그것만으로도 충분하다는 것을 깨닫는 순간,
진정한 만족을 경험하게 될 것입니다.

욕망을 다스린다

【명상록 제7권 27장】

없는 것을 가지려고 하기보다, 이미 갖고 있는 것의 가치를 알아차려라. 그리고 그것마저 없었다면 얼마나 간절히 원했을지 생각해 보라. 그렇지만 잃었을 때의 고통을 피하기 위해, 그것에 과하게 집착하지 말라.

한때 간절히 바라던 것을 막상 손에 쥐고 난 후,
그것을 너무 당연하게 여기지는 않았나요?
지금 내가 소중히 여기는 것들이 갑자기 사라진다고 상상해 보세요.
그제야 우리는 그것의 진정한 가치를 깨닫게 될 것입니다.

이러한 시선으로 바라보면,
우리의 일상은 사실 귀중한 보물들로 가득하다는 것을
분명히 알 수 있습니다.

그러나 동시에,
모든 것은 언젠가 우리 곁을 떠날 수 있다는 진실도 받아들여야 합니다.
강하게 집착할수록, 상실의 순간에 더 큰 고통이 찾아오니까요.

온전히 감사하며 누리되 집착하지 않는 자세,
이것이 우리의 삶을 더 풍요롭고 단단하게 만드는 지혜입니다.

덧없는 사치를 내려놓는다

【명상록 제2권 17장】

> 인생은 순간에 불과하고 모든 것은 끊임없이 변한다. 우리의 육체는 쉽게 무너지고 감정은 바람처럼 불안정하다. 미래는 알 수 없고 명성도 확실치 않다. 삶은 짧은 여행일 뿐이고, 죽은 후의 명성은 결국 잊혀진다.

인간의 욕망은 참으로 이상합니다.
사라질 것들을 붙잡으려 애쓰고
덧없는 것들에 영원을 요구하지요.

우리의 몸은 매 순간 변화하고
생각은 구름처럼 떠다니며,
감정은 파도처럼 일었다 사라집니다.

그런데도 우리는, 타인의 부러움을 받으면
내가 더 나은 사람이 될 것처럼 허영에 집착합니다.
하지만 그 어떤 것도 영원할 수 없음을 받아들이세요.

스쳐 가는 것들에 마음을 빼앗기지 말고
화려함이 아닌 진실함에 가치를 두며,
지금 이 순간을 온전히 살아가세요.

모든 것에 감사하는 마음을 가진다

【명상록 제1권 17장】

> 나는 훌륭한 조상, 부모, 형제, 스승, 동료, 친척, 친구들 등 좋은 것들을 거의 모두 갖게 해 주신 신들께 감사드린다. 가진 것에 감사할 때, 우리는 비로소 부족함을 느끼지 않게 된다.

아침에 눈을 뜨는 순간부터 숨을 쉬고, 걷고,
말할 수 있음에 감사함을 느껴본 적 있으신가요?
우리는 너무나 감사한 것들을, 평범함 속에 잊고 지내곤 합니다.

당신 곁의 사람들을 떠올려 보세요.
어려울 때 손을 내밀어 준 친구,
묵묵히 응원해 주며 때로는 현명한 조언을 건넨 가족,
작은 미소로 하루를 밝게 만들어 준 이웃까지.

그들이 없는 삶을 상상해 보세요.
얼마나 많은 것이 사라질까요?

감사함은 마법과 같습니다.
오늘 하루, 작은 것에도 고마움을 표현해 보세요.
"지금 이 순간, 나는 충분하다."라고 스스로에게 말해 보세요.

감사의 마음이 자라날수록
당신의 삶은 더 충만해질 것입니다.

자연이 알려 주는 미니멀리즘

【명상록 제8권 50장】

> 자연은 자기가 가진 것만으로 만족하고, 더 많은 것을 찾아 헤매지 않는다. 자연은 낡고 쓸모없어진 것들을 버리는 대신, 그것을 새로운 것으로 변화시켜 다시 활용한다. 지금 가진 것만으로도 완전한 순환을 이루는 것이다.

자연을 천천히 관찰해 보세요.
강물은 자연스레 흘러 바다로 돌아가고,
계절이 바뀌면 나무는 잎을 내려놓습니다.
아무런 집착도, 저항도 없이 말이지요.

이와 달리 우리의 삶은 왜 이토록 복잡해졌을까요?
필요 이상의 물건들로 공간을 채우고,
쓰지도 않을 값비싼 소유물을 위해 더 큰 집을 찾습니다.

옷장 속 입지 않는 옷들,
서랍 속 쓰지 않는 도구와 수집품들,
마음속 쓸모없는 걱정들처럼,
당신의 삶에서 과잉을 덜어 내고 본질만 남겨 보세요.

자연처럼 살아가는 법을 배우면,
지금 가진 것만으로도 충분함을 느낄 수 있을 것입니다.

욕망의 함정을 경계한다

【명상록 제2권 10장】

> 분노로 인한 실수보다 욕망 때문에 저지른 잘못이 더 비난받아 마땅하다. 분노는 고통에서 비롯되지만, 욕망은 쾌락에 굴복한 것이기 때문이다. 쾌락을 추구하는 사람은 자신의 충동에 따라 행동하므로 더 큰 무절제함을 보인다.

집착은 마치 모래를 손으로 꽉 쥐는 것과 같습니다.
더 세게 쥘수록, 더 많이 새어 나가죠.

우리가 가진 것에 만족하지 못하는 이유는,
눈에 보이는 것들만 가치 있게 여기기 때문입니다.

하지만 진짜 중요한 것은 보이지 않는 곳에 있습니다.
공을 던지면 보이지 않는 중력이 그것을 끌어당기고,
보이지 않는 생명력으로 씨앗은 자라납니다.

외적인 소유가 아니라 내면의 풍요로움을 탐구하고,
외양이 아닌 근원을 바라보는 명상가가 되어 보세요.

오늘 우리는 어떤 집착을 놓아 주고
어떤 욕망의 사슬에서 한 걸음 물러날 수 있을까요?
자신을 묶고 있는 집착을 하나씩 내려놓을 때마다,
더 가볍고 자유로워지는 마음을 느껴 보세요.

비교의 덫에서 벗어난다

【명상록 제4권 18장】

> 다른 사람이 무엇을 말하고, 무엇을 하며, 무엇을 생각하는지를 보지 않음으로써 얼마나 많은 시간을 절약할 수 있는가. 자신의 마음을 바르게 하는 데에만 집중하면, 가진 것에 감사하는 마음이 생길 것이다.

눈을 들어 옆을 살피는 순간,
당신의 행복이 흔들리기 시작할 수 있습니다.

"나는 왜 저 사람처럼 많이 가지지 못했을까?"라는 질문이
마음속에 자리 잡게 되면,
당신은 이미 비교라는 미로에 갇힌 셈입니다.

행복의 비밀은 바깥이 아닌 안을 향해 걷는 것으로,
다른 이의 소유물에 집착하는 것이 아니라
자신의 마음을 가꾸는 데 집중하는 것입니다.

남의 지도로 자신의 길을 찾으려 하지 마세요.
당신만의 여정이 있고, 당신만의 속도가 있습니다.

오늘 작은 것에 기뻐할 수 있다면,
내일은 더 큰 것에 감사하게 될 것입니다.

단순하게 살아라

【명상록 제4권 3장】

> 당신의 원리는 간결하고 근본적인 것이어야 한다. 그러면 당신은 이 원리를 상기하는 것만으로도 영혼을 완전히 정화하고, 모든 불만을 씻어 낼 수 있을 것이다.

우리는 수많은 규칙과 기대에 얽매이고,
목표와 욕망 사이에서 자주 길을 잃습니다.
그럴 때마다 단순함의 지혜를 가슴에 새겨 보세요.

"내게 있는 것만으로 충분하다."
복잡한 철학적 체계가 아니라
단 하나의 명료한 생각이면 충분합니다.
이 근본적인 원리가 당신의 모든 갈망을 잠재울 수 있습니다.

삶의 복잡함을 덜어 내고
만족을 선택하는 일부터 시작하세요.
그러면 하루의 혼란 속에서도
맑은 정신을 유지할 수 있을 것입니다.

행복하기 위해 필요한 것은 생각보다 적다

【명상록 제7권 67장】

> 행복은 많은 것을 요구하지 않는다. 당신의 진정한 본성에 따라 살고 단순함에 만족할 때, 비로소 참된 기쁨을 얻을 수 있다.

행복의 방정식은 생각보다 간단합니다.
더하기가 아닌 빼기의 수학이지요.

우리는 흔히 이렇게 생각합니다.
"이것만 있으면 행복할 텐데…"
"저것만 사면 완벽할 텐데…"

그러나 자연의 지혜는 반대로 가르칩니다.
우리 인간의 본성도 마찬가지입니다.
정신은 불필요한 근심을 털어 내야 평화를 찾습니다.

선택의 피로에서 벗어나 자유를 느끼고
비교의 굴레를 벗어나 평온함을 찾으며,
끝없는 소비의 굴레에서 탈출하여 기쁨을 누리세요.

적음이 주는 풍요로움을 발견하세요.
그곳에 참된 만족이 기다리고 있습니다.

소유에 대한 집착을 내려놓는다

【명상록 제12권 3장】

> 타인의 언행, 과거의 기억과 미래에 대한 걱정, 그리고 당신의 육체와 그에 연결된 생명에서 비롯되는 혼란을 당신 자신으로부터 분리시켜라. 이 모든 것은 당신의 의지와 무관하게 당신에게 붙어 있는 것들이다.

당신이 '나'라고 부르는 것은 무엇인가요?
우리는 흔히 자신과, 자신에게 속한 것들을 구분하지 못합니다.
내 몸, 내 생각, 내 감정, 내 소유물...
이 모든 것들이 나라고 착각하는 것이지요.

하지만 정말 그럴까요?
그것들은 구름처럼 찾아왔다가 바람에 흩어지는 일시적인 것으로,
진정한 자유는 '나'와 '내 것'을 명확히 구분할 때 찾아옵니다.

당신의 본질은 이 모든 것들을 초연하게 바라보는 의식입니다.
즉, 외부 상황에 흔들리지 않고 내면의 평온을 지키는 존재인 것이죠.

무엇이 진짜 나인지,
무엇이 나에게 일시적으로 붙어 있는 것인지
구분하는 연습을 시작해 보세요.
이를 통해 점차 진정한 자아를 발견하게 될 것입니다.

물질 세계의 덧없음

【명상록 제9권 36장】

> 물질의 부패는 만물의 기본이다. 물, 먼지, 뼈는 오물로부터 생긴 것이고 의복은 한 줌의 털로 짠 것이다. 그 밖의 모든 것도 예외는 아니다.

우리 모두는 특별한 의미를 담은 물건들을 가지고 있습니다.
첫 월급으로 산 시계, 여행 중 골랐던 기념품,
소중한 사람에게 받은 선물…
이것들은 단순한 사물이 아니라, 우리의 추억과 감정을 담고 있죠.

하지만 시간은 모든 것을 천천히 변화시킵니다.
어릴 적 갖고 놀던 장난감은 지금 어디에 있나요?
처음 샀던 노트북은 지금 어떤 상태인가요?
심지어 지난주에 산 과일조차 이미 썩어가고 있을지 모릅니다.

오늘의 새것은 내일의 헌것이 됩니다.
그러니 물질에 집착하기보다는,
그것이 주는 경험과 추억에 의미를 두는 지혜를 배워 보세요.

모든 것이 변하고 사라지는 세상에서,
진정한 가치는 바로 우리의 내면에 있습니다.

충분함에서 오는 평온을 느낀다

【명상록 제8권 51장】

> 겸손하고 소박한 생활 속에서 자유를 발견하고, 항상 가진 것에 만족할 줄 아는 사람이 되어라. 외적인 것만 추구하며 사는 사람은 결코 평온을 찾지 못하지만, 내면의 부를 아는 사람은 어디에서나 **충분함**을 느낀다.

소박한 삶의 비밀을 아는 이들은
작은 공간에서도 넓은 자유를 느끼고
적은 소유물 속에서도 풍요를 경험합니다.
욕망의 사다리를 오르며 숨 가쁘게 살기보다는,
지금 발 딛고 있는 땅을 온전히 느끼며 사는 것이지요.

이렇게 평온은, 소유가 아닌 마음의 상태에서 옵니다.

외적인 풍요를 좇는 것은
끝없는 미로 속을 달리는 것과 같습니다.
목표는 항상 코 앞에 있는 듯하고,
진정한 만족은 언제나 다음 모퉁이에 있을 것만 같지요.

하지만 내면의 부를 아는 사람은
자신이 이미 모든 것을 가졌다는 진실을 알고 있습니다.

당신의 삶에 이미 스며 있는 충분함을 발견하세요.
그곳에서 평온이라는 보물을 찾게 될 것입니다.

과시보다 철학적 성찰을 택한다

【명상록 제10권 15장】

> 산 위에서 사는 사람처럼 생활하라. 당신이 이곳 혹은 저곳 어디에서 살든 그것은 중요하지 않다. 중요한 것은 자연에 따라 사는 지혜로운 인간이 되는 것이다.

어떤 사람들은 고급차를 타고 다니며 주목받길 원합니다.
명품 시계로 손목을 장식하고, 유명 레스토랑을 예약하며
성공했음을 증명하는 데 열중하지요.

하지만 진정으로 중요한 것은
'무엇을 가졌는가'가 아닌 '어떻게 살아가는가'입니다.

산 정상에 선 사람은 모든 것을 멀리서 바라봅니다.
도시든 시골이든 그저 풍경에 지나지 않지요.
마찬가지로 값비싼 아파트나 작은 빌라나,
그곳은 그저 당신이 머무는 공간일 뿐입니다.

남들의 시선을 의식하는 삶에서 벗어나
자연의 리듬에 맞춰 살아가는 법을 배우세요.

당신의 위치보다는 시선이, 소유보다는 생각이,
겉모습보다는 내면이 더 중요하다는 것을 잊지 마세요.

많이 가질수록 불안하다

【명상록 제11권 22장】

> 도시 쥐와 시골 쥐의 고전 우화는 무엇을 말하는가? 화려한 도시에서 사는 쥐의 두려움과 긴장감을 떠올려 보라. 많이 가질수록, 잃을 것에 대한 두려움도 커지기 마련이다.

많이 가진다고 해서 마음까지 부유해지는 것은 아닙니다.
오히려 가진 것이 많을수록,
그것을 지키기 위해 더 많은 걱정과 불안이 생길 수 있습니다.

도시 쥐는 풍요로운 식탁에서 밥을 먹었지만
매 순간 고양이의 발소리에 놀라며 살았습니다.
반면 소박하게 산 시골 쥐는
평온한 마음으로 하루를 마감할 수 있었지요.

우리는 소유물이 많아질수록 그것을 잃을까 봐 두려워하고,
계속되는 불안의 순환에 갇히게 됩니다.

단순함의 지혜를 배워 보면 어떨까요?
오늘 하나를 내려놓으면,
그만큼 당신의 마음은 가벼워질 것입니다.

언제든 놓을 준비를 한다

【명상록 제8권 33장】

> 자만심 없이 부나 재산을 받아들이되, 동시에 아낌없이 버릴 각오를 하라. 그것들에 집착하면, 잃을 때 괴로움이 찾아올 것이다.

소유하되 집착하지 않는 태도를 가져 보세요.
인생에 좋은 일이 찾아오면,
그것이 온전히 내 능력 덕분이라고 생각하지 말고
겸허히 받아들이세요.

당신이 가진 것들은 노력의 결실일 때도 있지만
때로는 운이 좋아서 생긴 일이며,
때로는 다른 이들의 배려가 만들어 낸 결과일 수도 있습니다.

자만에서 비롯된 소유욕을 내려놓고,
찾아온 행운을 담담하고 겸손하게 받아들이세요.

가을이 되면 나무가 잎을 놓아주듯,
당신도 바람에 몸을 맡긴 씨앗처럼
새로운 곳에서 피어날 준비를 하세요.

비어 있다는 것이 두려움이 아닌 가능성으로 느껴질 때,
비로소 당신은 진정으로 부유한 사람이 된 것입니다.

지금 이 순간을
충실히 살아간다

4부

하루를 의미 있게 시작한다

【명상록 제5권 1장】

> 아침에 마지못해 일어났다면 생각하라. "나는 인간으로서의 일을 하기 위해 매일 잠에서 깬다. 내 존재의 이유인 이 일을 위해 세상에 태어났는데, 어찌 불평할 수 있겠는가? 나는 단지 침대에 따뜻하게 누워 있기 위해 태어났는가? 작은 개미와 꿀벌도 자신의 역할을 다하는데, 내가 해야 할 일을 어찌 게을리할 수 있겠는가?"

아침 햇살이 창문을 두드릴 때, 당신의 마음은 어디에 있나요?
피곤함에 지쳐 이불 속 편안함을 더 누리고 싶은 날이 많을 것입니다.

그러나 당신은 하루를 시작하는 그 순간부터
오늘을 어떻게 살지, 그 방향을 결정할 수 있습니다.
침대에서 일어남과 동시에 깨어난 당신의 의식은
당신만이 가진 특권입니다.

매일 아침은 그 방향을 찾기 위한 새로운 기회입니다.
당신이 매일 눈을 뜨고 숨을 쉬는 진짜 이유를 기억하세요.
그리고 오늘 하루, 그 목적에 한 걸음 더 가까이 다가가세요.
그 의미를 실천하는 순간, 또 하루를 살아갈 힘이 생길 것입니다.

미루지 않고 지금 행동한다

【명상록 제8권 44장】

> 내일 행복해질 것이라 생각하며 오늘을 낭비하지 말라. 당신이 지금 할 수 있는 좋은 일이 있다면 지체하지 말고 행하라. 다른 사람의 의견은 중요하지 않다.

우리는 '나중에 성공하면', '은퇴 후에는'과 같은 생각으로
현재의 삶과 기회를 미루곤 합니다.
하지만 행복은 미래의 특정 시점에 갑자기 찾아오는 것이 아닙니다.

당신이 의미 있고 선하다고 생각하는 일이 있다면
지금 바로 실천하세요.
내일을 위해 오늘의 가능성을 미루지 마세요.

다른 사람들의 시선이 걱정되나요?
타인의 평가는 결국 바람처럼 스쳐 지나갈 뿐입니다.
당신이 옳다고 믿는 일을 행할 때,
그들의 목소리가 당신 내면의 소리보다 커지지 않게 하세요.

망설이지 말고, 용기 있게 시작하세요.
생각만으로는 아무것도 바뀌지 않지만,
오늘의 작은 실천 하나가
당신을 원하는 곳으로 이끌어 줄 것입니다.

흩어진 마음을 한곳으로 모으기

【명상록 제12권 1장】

> 과거에 연연하지 말고, 미래는 섭리에 맡기며, 경건하고 정의롭게 현재에 충실하라. 당신 내면의 이성과 신성함을 존중하고 외부의 방해에 흔들리지 않을 때, 우주와 조화를 이루는 삶을 살게 될 것이다.

우리는 식사를 하면서 스마트폰을 들여다보고,
대화를 나누면서 다음에 할 일을 생각하고,
산책을 하면서 끊임없이 걱정거리를 떠올립니다.
몸은 한곳에 있지만 마음은 언제나 다른 곳을 헤매죠.

걸을 때는 그저 걷고,
책을 읽을 때는 그 내용에 몰입하고,
대화할 때는 온전히 상대방의 말을 경청해 보세요.

현재에 집중하는 것은
단순한 명상 기법이 아니라 삶을 대하는 근본적인 태도이며,
모든 지혜의 핵심입니다.

각 순간에 온전히 존재할 때 삶은 놀라운 선명함을 얻습니다.
지금 이 순간에 최선을 다하면,
미래는 저절로 자리를 잡아갈 것입니다.

미래를 두려워하지 않는다

【명상록 제7권 8장】

> 아직 오지 않은 미래의 문제를 걱정하며 오늘을 망치지 말라. 지금 눈앞의 일을 처리하는 그 동일한 이성으로, 미래에 다가올 일 또한 해결할 수 있기 때문이다.

"만약 이 일이 잘못돼서 최악의 상황이 벌어지면 어떻게 하지?"
우리는 이렇게 미래에 대한 걱정으로, 종종 현재를 망칩니다.

하지만 실제로 그런 일이 일어날까요?
설령 그렇다고 해도,
지금 미리 걱정하는 것이 더 나은 대처법일까요?

미래의 불확실성은 인생의 한 부분입니다.
그러나 그 불확실성이
오늘 나의 기쁨과 평화를 빼앗아 가게 해서는 안 됩니다.
대부분의 걱정거리는 실제로 일어나지 않으며,
일어난다 해도 우리가 상상했던 것만큼 나쁘지 않을 수도 있으니까요.

지금 당신 앞에 있는 일에만 집중하세요.
미래의 문제는, 그것이 실제로 발생했을 때 해결하면 됩니다.

매일이 마지막 날인 것처럼

【명상록 제7권 69장】

> 하루하루가 당신의 마지막 날인 것처럼 살아라. 거짓 없는 참된 모습으로 살아간다면, 비로소 당신의 인격은 완성될 것이다.

많은 사람들은 이렇게 생각합니다.
"언젠가 더 나은 사람이 될 거야."
"언젠가 의미 있는 일을 할 거야."
"언젠가 진정 내가 원하는 삶을 살 거야."

하지만 그 '언젠가'가 결코 오지 않는다면 어떨까요?
오늘이 당신의 마지막 날이라면,
남은 하루를 어떻게 보낼 건가요?

삶의 마지막 날에 대한 명상은
과장이나 허세를 걷어 내고 본질에 집중하게 합니다.

매일을 마지막인 것처럼 산다면,
흘러가는 모든 순간이 영원의 무게를 지니게 되고
진정한 인격의 완성에 한 걸음 더 가까워질 것입니다.

시간을 소중히 여긴다

【명상록 제2권 4장】

> 시간은 한번 흘러가면 돌이킬 수 없다. 당신은 신들이 주신 수많은 기회를 놓쳐 왔음을 기억하라. 우리의 삶은 짧고 유한하니, 깨어 있는 마음으로 지금 이 순간을 소중히 사용하라.

세상의 모든 부자들도 살 수 없는 것은 바로 시간입니다.
시간이야말로 누구에게나 공평하게 주어지는 유일한 자산이죠.
돈은 잃어도 다시 벌 수 있지만,
지나간 시간은 결코 되돌릴 수 없습니다.

하지만 이렇게 귀한 시간을
무의미한 SNS 스크롤이나 TV 채널만 돌리는 데 허비하고 있진 않나요?

삶의 마지막에 후회가 남는다면,
그것은 대개 '했던 일들'보다는 '하지 않았던 일들' 때문일 것입니다.
시간의 가치를 일찍 깨달은 사람은 그 후회로부터 자유롭습니다.

시간의 가치를 아는 현명한 사람이 되세요.
하루를 무의미하게 흘려보내기보다는,
당신을 성장시키고 다른 이에게도 가치 있는 일을 해 보세요.

지나간 시간은 다시 돌아오지 않지만,
어떻게 쓰느냐에 따라 영원히 남을 수도 있습니다.

행복의 열쇠는 현재에 있다

【명상록 제9권 6장】

> 현재에 집중하라. 만약 당신의 생각이 이성적이고, 당신의 행동이 사회에 이로우며, 당신의 마음이 주변에서 일어나는 모든 일을 받아들이고 만족한다면, 그것으로 충분하다. 과거나 미래에 집착하지 않고, 지금 이 순간의 생각, 행동, 마음가짐이 조화롭다면 당신은 이미 행복한 사람이다.

많은 사람들이 행복을 외부에서 찾습니다.
더 높은 연봉의 직장, 더 넓은 집, 더 완벽한 연인이나 배우자…
마치 행복이 '저기 어딘가'에 있는 것처럼요.

하지만 진정한 행복의 열쇠는
바로 지금, 당신 자신 안에 있습니다.

잠시 멈춰 당신의 내면에 귀를 기울여 보세요.
당신의 생각은 흐트러짐 없이 선명한가요?
당신의 작은 행동이 누군가에게 따뜻함을 전하고 있나요?
그리고 삶의 모든 순간을,
기쁨이든 고통이든 온전히 받아들이고 있나요?

이 세 가지가 하나로 어우러질 때,
당신은 더 이상 행복을 찾아 헤매지 않아도 됩니다.
이미 그곳에 도착해 있기 때문입니다.

작은 일이라도 최선을 다한다

【명상록 제6권 22장】

맡은 일이 작아 보인다고 해서 소홀히 하지 말라. 그것이 당신에게 주어진 일이라면, 당신 본성에 가장 알맞은 것이다. 크든 작든 지금 할 수 있는 최선을 다할 때, 그 순간은 결코 사소하지 않다.

최선을 다한다는 것은 완벽을 추구하는 것이 아닙니다.
그것은 지금 이 순간, 당신의 능력 안에서
가장 진실된 노력을 기울이는 것입니다.

책상을 정리하는 간단한 일에서부터 중요한 프로젝트까지,
각각의 행동에 온전한 주의와 정성을 쏟아 보세요.
작은 일상 속에서도 위대함은 빛납니다.

진정한 성취는 큰 결과물이 아닌 과정에서의 충실함에서 옵니다.
작은 일도 소홀히 하지 않는 사람에게는 큰 기회가 찾아오지요.

모든 순간에 온전히 참여할 때
일상의 작은 행동들이 빛나고,
그 빛이 모여 당신의 삶 전체를 환히 비출 것입니다.

이상적인 삶을 지금 이 순간에 살기

【명상록 제5권 29장】

> 당신이 꿈꾸는 이상적인 삶을 내세가 아닌 지금 이 세상에서 살아라. 만약 주변에서 그런 삶을 방해하기 시작한다면, 연기가 가득 찬 집에서 나오듯 자연스럽게 떠나라. 어디서든 자유롭게 당신이 원하는 삶을 살아라.

당신이 꿈꾸는 그 삶,
지금 바로 시작할 수 있습니다.

작은 공간에서도 평화를 찾을 수 있고,
분주한 일과 중에도 짧은 명상의 순간을 가질 수 있으며,
도시의 번잡함 속에서도 자연의 아름다움을 발견할 수 있습니다.

하지만 주변의 환경이 그것을 어렵게 한다면
그때는 고요하게, 미련 없이 떠날 용기를 가지세요.

그 순간이 오기 전까지는
지금 이 자리에서 당신의 이상을 실현하면 됩니다.

내일이 아니라, 환경이 완벽해졌을 때가 아니라,
바로 지금, 여기에서요.

물방울이 모여 바다를 만든다

【명상록 제3권 12장】

> 올바른 이성에 따라 침착하게 행동하고, 내면의 순수함을 지키며 두려움 없이 현재의 일에 집중할 때, 당신은 행복하게 살 수 있다. 이를 방해할 수 있는 사람은 아무도 없다.

매 순간, 당신이 어떤 사람이 되고 싶은지 생각하며 행동하세요.

지나가는 이웃에게 건네는 따뜻한 눈인사와 진심 어린 미소,
업무 중 한 줄의 메일을 쓸 때도 기울이는 세심한 집중력,
출근길에 문득 발견한 들꽃 한 송이를 바라보는 감사의 시선까지.

이렇게 친절함, 정직함, 용기 같은 가치를
일상의 모든 행동에 담아 보세요.

거대한 성취나 특별한 이벤트만이 의미 있는 것은 아닙니다.
일상의 작은 행동 하나하나가 당신이 누구인지를 정의하지요.

위대한 삶은 화려한 업적의 순간이 아닌,
의미 있게 채워진 수많은 평범한 순간들의 총합이라는 것을 잊지 마세요.

짧은 시간을 현명하게 쓴다

【명상록 제4권 26장】

> 단순하고 소박한 마음을 가져라. 타인이 해를 끼쳐도 개의치 말라. 인생은 짧으니 현재를 소중히 여기며, 어떤 상황에서도 침착함을 유지하라.

인생은 우리가 생각하는 것보다 훨씬 짧습니다.
나무는 수백 년을 살아가지만,
우리의 계절은 그리 많지 않지요.
이 단순한 사실을 기억하는 것만으로도
매일의 선택이 달라집니다.

현명한 삶은 지금 이 순간을 소중히 여기는 것에서 시작됩니다.
이성적인 판단으로 진정 중요한 것을 분별하고,
일상의 작은 기쁨들을 충분히 누리세요.

우리의 삶이 짧다는 사실은 안타까운 것이 아니라,
오늘을 더 소중하고 의미 있게 살아갈 수 있도록 해 주는
깨달음의 기회입니다.

매 순간을 충실히 살아간다

【명상록 제8권 32장】

> 하나하나의 행동을 제대로 처리하여 당신의 인생을 질서 있게 만드는 것이 당신의 의무이다. 할 수 있는 범위 내에서 의무를 충실히 이행했다면, 그것으로 만족하라.

외부의 방해나 장애물 때문에
해야 할 일을 미루거나 포기해야 하는 경우가 있습니다.
그럼에도 질서 있는 삶이란,
주어진 상황에서 최선을 다하는 행동들의 연속입니다.

너무 완벽하게 하려고 애쓰지 마세요.
다만 당신이 할 수 있는 최선을 다하고,
그것으로 충분하다고 여기는 법을 배우세요.

일상의 순간들을 정성껏 쌓아가는 이에게는
충만한 인생이 선물로 주어집니다.

당신이 마주하는 모든 일에 온전한 주의를 기울여 보세요.
그것이 가장 충실한 삶을 시작하는 방법입니다.

대화에 온전히 집중하기

【명상록 제7권 4장】

> 대화의 주제에 집중하고, 순간순간 다른 이들이 무엇을 하고 있는지 관찰하라. 상대방이 무엇을 말하려고 하는지 그 목적을 살피고, 또 한편으로는 그 말의 의미가 무엇인지 깊이 이해해야 한다.

혹시 상대방의 말을 듣는 척하면서
머릿속으로는 다음에 할 말을 준비하고 있진 않나요?
또는 핸드폰을 슬쩍 확인하거나
주변 환경에 시선을 빼앗기고 있진 않나요?

진심 어린 소통은 경청에서 시작됩니다.
상대의 말에 주의를 기울이고 그 의미를 이해하세요.
왜 이런 이야기를 하는지,
대화의 흐름을 읽고 말 속에 담긴 본질을 파악하며,
열린 마음으로 상대의 관점을 받아들여 보세요.

순간의 대화에 온전히 집중하는 것,
지금 이 교류에 모든 주의를 기울이는 것이
우리의 관계를 더욱 깊고 따뜻하게 만들어 줄 것입니다.

깊이 있는 삶을 산다

【명상록 제3권 1장】

> 삶의 길이가 아니라 그 시간을 어떻게 채우는지가 더 중요하다. 오래 사는 것보다, 얼마나 깊이 이해하고 통찰하며 삶의 본질을 관조하고 있는가를 생각해야 한다.

달력의 숫자는 그저 흘러가는 날들을 나타낼 뿐,
진정한 의미는 그 안에 담긴 경험의 깊이에 있습니다.

많은 이들이 오래 살기를 원하지만,
정작 그 시간을 어떻게 사용할지는 깊이 고민하지 않습니다.
90년을 살아도 반복되는 일상에 갇혀
성찰 없이 흘러가는 삶이 있는가 하면,
50년을 온전히 깊이 있게 살아 낸 삶도 있지요.

당신의 하루는 어떤 질문으로 채워져 있나요?
'무엇을', '어떻게'가 아닌 '왜'라는 질문을 던져 보세요.

자연의 아름다움을 그냥 바라보는 것을 넘어
그 안에 깃든 근원적인 경이로움을 느껴 보세요.
당신의 시간을 훨씬 가치 있게 사용할 수 있을 것입니다.

항상 새롭게 시작한다

【명상록 제6권 15장】

> 당신의 삶은 끊임없이 흘러가는 강물과 같다. 매 순간은 새로운 시작이며, 지나간 것을 붙잡으려 하지 말고 지금 이 순간을 고요히 받아들여라. 모든 것은 흘러가고 다시 돌아온다.

인생은 끊임없이 변화하는 강물입니다.
어제의 기쁨과 슬픔은 이미 지나갔고
내일의 희망과 두려움은 아직 오지 않았지요.
오직 지금 이 순간만이 진실입니다.

그러니 이전의 실수에 묶여 있을 필요도,
과거의 성공에 안주할 이유도 없습니다.
모든 찰나는 새로운 시작점이니까요.

강물은 한곳에 머무르지 않습니다.
그것이 강물의 본질이자 아름다움이지요.
마찬가지로 당신도 변화의 흐름 속에서
진정한 자유를 경험할 수 있습니다.

모든 것은 지나가고, 다시 찾아옵니다.
이 순환의 지혜를 받아들이세요.
그리고 매 순간 새로운 눈으로 세상을 바라보세요.

생각과 행동을
바르게 한다

5부

선한 사람이 된다

【명상록 제11권 5장】

> 우리가 진정으로 추구해야 하는 것은 선한 사람이 되는 것이다. 이를 위해서는 우주의 본성과 인간의 고유한 본질에 관한 원리들을 이해하고, 바르게 적용해야 한다. 다른 기술들은 부수적인 것일 뿐, 올바른 인간이 되는 것이 가장 중요한 과제이다.

세상은 우리에게 수많은 기술을 요구합니다.
인공지능 활용법, 인맥 관리, 유행을 빠르게 따라잡는 능력...
하지만 그 모든 기술 중에서 가장 중요한 것은
좋은 사람이 되는 기술입니다.

기능적인 기술은 시장이 변화하면서 함께 쓸모없어지기도 하지만,
덕(德)은 영원한 가치를 지니기 때문입니다.

정직하게 살고 타인을 배려하며, 자신의 행동에 책임을 지는 것.
분노와 욕망을 이성으로 다스리고,
어려운 상황에서도 평정심을 유지하는 것.
이것이야말로 가장 어렵고도, 가장 가치 있는 기술입니다.

당신이 어떤 직업을 갖고 어떤 역할을 맡든,
먼저 선한 사람이 되세요.
그것이 모든 것의 시작입니다.

정직하게 행동한다

【명상록 제8권 5장】

> 마음이 흐트러지지 않도록 하라. 세상의 모든 것은 잠시뿐이며, 당신 역시 오래지 않아 이곳에 없게 될 것이다. 그렇기에 지금 이 순간 당신이 해야 할 일에 집중하라. 인간으로서의 본성을 다하고, 따뜻하고 진실된 태도로 정당하다고 믿는 말을 하라. 그것이 당신의 의무이다.

매 순간 우리는 선택의 갈림길에 섭니다.
쉬운 거짓말과 어려운 진실 사이에서,
안전한 타협과 용기 있는 정직함 사이에서 말이죠.

하지만 삶은 길지 않습니다.
이 짧은 시간 속에서 우리가 남길 수 있는 가장 값진 유산은
정직하게 살아가려는 노력일 것입니다.

정직함은 단순히 거짓말을 하지 않는 것이 아닙니다.
그것은 자신의 양심에 귀 기울이며,
진리와 선을 따르는 삶을 선택하는 것입니다.

당신이 깊이 성찰하여 옳다고 믿는 것을,
타인의 권리와 존엄을 존중하는 방식으로 말하고 행동하세요.
불편함이나 위험이 따를지라도,
진실을 향한 길을 추구하는 것은 우리 모두의 책임입니다.

시간은 흐르고 우리도 언젠가는 사라지겠지만,
당신이 정직하게 살아간 흔적은 오래도록 빛날 것입니다.

편견에 휘둘리지 않는다

【명상록 제8권 49장】

> 어떤 사람이 당신을 험담했다는 말을 들었다 해도 그것은 단지 전해 들은 말일 뿐이다. 항상 최초의 인상만을 받아들이고, 마음속에 다른 의견을 첨가하지 말라. 그러면 당신에게는 아무 일도 일어나지 않는다.

누군가가 당신에 대해 좋지 않은 말을 했다는 소식은
순간적으로 기분을 상하게 할 수 있습니다.

하지만 말은 전해지는 과정에서 쉽게 변형되고,
우리의 마음은 작은 조각에 상상과 해석을 덧붙여
스스로 고통스러운 이야기를 만들어 내곤 합니다.

"그 사람이 나를 싫어하나 봐."
"아마 다른 사람들에게도 내 얘기를 했을 거야."
이런 생각들은 대부분 사실이 아닙니다.
그저 스쳐 가는 감정이 만들어 낸 환영에 불과하죠.

들은 사실만 그대로 받아들이세요.
보지 않은 것을 상상으로 채우기보다,
당신이 실제로 경험한 것에만 반응하세요.

이 단순한 태도가 당신의 평화를 지키고,
겪지 않아도 될 고통에서 당신을 자유롭게 할 것입니다.

바른 행동을 습관으로 만든다

【명상록 제5권 16장】

> 당신의 생각은 곧 성격이 되고, 성격은 행동을 결정한다. 따라서 바른 생각을 지속하고, 그것을 행동으로 옮겨 습관으로 만들어라.

우리의 인생은 결정적인 순간들보다
매일 반복되는 작은 선택들로 만들어집니다.

정직하게 말하기, 화가 나도 침착함을 유지하기,
약속 시간 지키기, 맡은 일은 끝까지 완수하기 등
처음에는 의식적인 노력이 필요합니다.

하지만 이런 행동들을 꾸준히 반복하면
점차 자연스러운 습관이 되어, 더 이상 애쓰지 않아도
저절로 올바른 행동을 하게 됩니다.

좋은 습관이 몸에 밴 사람은
어떤 환경에서도 같은 원칙으로 살아갑니다.
바른 행동을 일상의 습관으로 만들어
단단한 인격의 토대를 쌓아 가세요.

말보다 행동으로 보여 준다

【명상록 제3권 5장】

> 말이 아닌 행동으로 당신의 가치를 보여라. 허튼 말을 하거나 불필요한 일로 시간을 낭비하지 말라. 중요한 것은 당신이 어떻게 살아가는지이다.

많은 사람들이 자신의 가치관을 말로만 선언합니다.
"나는 어떤 경우에도 거짓말하지 않아."
"가족을 위해서라면 무엇이든 할 수 있어."
"건강한 생활이 내 인생의 최우선 과제야."
하지만 실제 행동은 그렇지 않을 때가 많죠.

진정한 가치는 말이 아닌 행동에서 드러납니다.
정직을 중요시한다면, 작은 거짓말도 피하세요.
가족을 우선시한다면, 바쁜 하루 중에도
짧은 안부 전화를 먼저 걸어 보세요.
건강을 소중히 여긴다면, 매일 단 10분이라도
몸을 움직이는 시간을 마련하세요.

허튼 말은 바람에 흩어지지만, 행동은 흔적을 남깁니다.

말로는 누구나 영웅이 될 수 있습니다.
하지만 진정한 품격은,
아무도 보지 않을 때도 옳은 일을 선택하는 행동에서 빛납니다.

정의로운 일이라면 그 길을 따른다

【명상록 제6권 50장】

> 우선 사람들을 설득하라. 그들이 설득되지 않더라도, 그것이 정의와 원칙에 맞는 일이라면 자신의 방식대로 조용히 이어 가라.

정의로운 일이라면, 아무리 어렵더라도
자신을 믿고 시도해 보세요.

때로는 이해 받지 못하는 순간이 올 수도 있지만,
중요한 것은 당신의 신념이 얼마나 단단한가입니다.

주변에서 꺼리지만 내가 옳다고 믿는 일이라면,
그들의 이해와 동의를 구하려는 노력을 해 보세요.
대화는 언제나 좋은 시작이 될 수 있습니다.

또한 당신이 생각하는 것이 정의롭고 바른 길이라면,
모두의 동의를 얻지 못하더라도
당신의 방식대로 천천히 나아가도 괜찮습니다.

타협이 필요할 때는 유연하되, 자신의 원칙까지 잃지는 마세요.
이해 받지 못해도 그 뜻을 쉽게 거두지 않는,
조용한 강인함을 지녀 보세요.

당신의 그런 태도와 행동이
누군가에게는 깊은 울림이 될지도 모릅니다.

하기 싫은 일도 책임감 있게 한다

【명상록 제6권 2장】

> 당신이 해야 하는 일이라면, 비록 그것이 즐겁지 않더라도 최선을 다해 수행하라. 주어진 의무를 다하는 것이 곧 인간의 존엄성이다.

모든 일이 즐겁고 신나기만 할 수는 없습니다.
인생에는 때때로 어렵고, 지루하고, 불편한 일들이 있죠.
그렇다고 해서 책임을 회피하지 마세요.

의무를 다한다는 것은
단순히 규칙을 지키는 것을 넘어서는 일입니다.
그것은 당신의 말에 신뢰를 더하고,
당신의 약속에 무게를 실어 주는 중요한 행동입니다.

불편함을 피하지 말고 정면으로 마주하세요.
해야 하는 일이라면, 그 이유를 찾기보다
어떻게 하면 잘 해낼 수 있을지를 먼저 고민해 보세요.

책임감 있는 삶은 결코 쉽지 않지만,
일을 완수한 후의 성취감은
그 어떤 편안함보다 값진 보상이 될 것입니다.

정직은 눈빛에 드러난다

【명상록 제11권 15장】

> 진실한 인격은 자연스럽게 느껴진다. 당신이 가진 정직함과 선함은 그 자체로 강력한 영향력이 되어 주변을 밝힌다. 말보다 행동으로, 주장보다 존재감으로 당신을 보여라.

"나는 정직한 사람입니다."라고 굳이 말해야 한다면,
정말 정직한 것일까요?

진정한 정직함은 말로 증명할 필요가 없습니다.
마치 어둠 속의 빛처럼,
굳이 말하지 않아도 자연스럽게 드러나기 때문입니다.

우리는 누군가를 만났을 때,
말보다는 태도와 행동에서 진심을 느낍니다.
정직함은 향기와 같아서,
주변 사람들이 그 존재를 먼저 알아차리게 되지요.

"나는 당신에게 공정할 것입니다."라고
일일이 말하지 않아도 되는 사람이 되세요.
대신 당신의 인격이 먼저 말하게 하세요.
그것이야말로 당신을 가장 진실되게 보여 주는 방법입니다.

품위와 정의로 마음을 다스린다

【명상록 제2권 5장】

> 모든 행동에 품위와 애정, 자유와 정의를 담아라. 경솔함, 위선, 이기심을 버리면 마음의 평화를 찾을 수 있다.

소소한 대화에도 진심 어린 애정을 담고,
익숙한 일상 속에서도 품위와 책임감을 잃지 마세요.
그렇게 쌓인 시간이 당신의 삶에 깊이를 더합니다.

경솔한 말은 잠깐의 만족을 줄 수 있지만
그 여운은 오래도록 남습니다.
위선은 겉으론 편리해 보여도
결국 내면의 평화를 갉아먹습니다.
이기적인 선택은 당장은 유리해 보일 수 있지만
결국 당신을 외롭게 만듭니다.

이렇게 우리가 무심코 반복하는 작은 행동들은,
결국 우리가 어떤 사람인지를 드러냅니다.

결국 아무렇지 않은 듯 흘러가는 가장 일상적인 순간이,
당신의 삶을 말해 주는 진정한 장면일지도 모릅니다.

옳은 일에 반드시 칭찬이 필요한 것은 아니다

【명상록 제7권 73장】

> 상대방이 당신의 도움을 받았을 때, 당신은 왜 그 이상의 것을 원하는가? 다른 사람에게 도움을 주고 칭찬을 바라거나 보답을 기대하는 것은 불필요하며, 선한 행동 그 자체가 이미 충분한 보상이다.

누군가를 도울 때, 가끔 이런 생각이 스칠 때가 있습니다.
"나한테 아주 고마워하겠지."
"주변 사람들이 나를 좋은 사람으로 볼 거야."

선한 마음에서 시작했지만,
감사의 말이나 보답, 인정 같은 것들을 바라게 될 때가 있죠.

하지만 그런 기대를 품은 채 행동했다면,
상대방이 나의 생각대로 반응하지 않았을 때 실망하기도 합니다.

선행은 그 자체로 충분합니다.
다른 사람의 반응이나 인정이
그 가치를 더하거나 줄일 수는 없습니다.

당신이 진심으로 건넨 손길은,
이미 그 안에 충분한 보상이 담겨 있다는 것을 잊지 마세요.

나를 위한 일이 아닌 모두를 위한 일

【명상록 제11권 4장】

당신의 행동이 당신 자신만이 아닌 모두에게 유익한지 생각해 보라. 공동체에 도움이 되는 행동이 진정으로 가치 있는 행동이다.

당신의 선택이 미치는 영향을 가족의 안녕, 이웃과의 관계,
우리가 살아가는 환경에까지 넓게 생각하고 바라보세요.

진정으로 가치 있는 행동은
우리 모두에게 이로운 결과를 가져옵니다.

일회용품 대신 텀블러를 사용하는 소비자,
불의에 침묵하지 않고 목소리를 내는 시민,
바쁜 일상 속에서도 도움이 필요한 이에게 귀 기울이는 친구까지,
이들의 행동은 자신을 넘어 더 큰 선을 향합니다.

지금은 미미해 보여도,
그 변화는 분명 누군가의 삶에 닿아
긍정적인 파장을 일으킬 수 있습니다.

공동체를 위한 당신의 기여는
모두에게 더 의미 있는 삶으로 이어질 것입니다.

불필요한 것을 덜어 낸다

【명상록 제4권 24장】

> 무엇을 말하거나 어떤 행동을 하기 전에, "이것이 정말 필요한 일인가?" 라고 스스로에게 물어보라. 불필요한 행동과 생각을 덜어 냄으로써 마음의 평정을 얻을 수 있다.

우리는 더 많은 일을 하며 더 많은 것을 원하고,
더 많은 생각으로 마음을 채우며 살아갑니다.
하지만 그만큼 삶의 질도 함께 나아지고 있을까요?

매 순간 자신에게 물어보세요.
"이 모임, 이 소비, 이 걱정이 내 삶에 꼭 필요한가?"

우리의 말과 행동 중 대다수는,
사실 없어도 되는 것들일 수 있습니다.
필요 없는 약속은 줄이고, 의미 없는 소비는 멈추고,
쓸데없는 걱정은 조금씩 내려놓으세요.

단순함이 주는 자유를 느껴 보세요.
불필요한 것을 덜어 낼 때 남는 것은 여유와 평온함입니다.
이때 비로소 중요한 일에 집중할 수 있는 에너지가 생기고,
마음의 평정을 얻게 될 것입니다.

불의에 맞서는 태도

【명상록 제9권 5장】

> 때로는 어떤 일을 하지 않는 것이 불의가 되기도 한다. 불의를 보고도 침묵한다면, 그것은 결과적으로 그 불의에 함께하는 일일지도 모른다. 용기를 가지고 옳은 일을 위해 목소리를 높일 수 있어야 한다.

행동하지 않는 것 역시 하나의 행동일 수 있습니다.
불의를 목격하고도 아무 말 없이 지나친다면,
그 침묵이 의도치 않게 불의의 일부로 비칠 수도 있지요.

직장에서 부당한 대우를 목격했을 때나
누군가가 약자를 괴롭히는 장면을 보았을 때,
목소리를 높이는 것은 물론 쉬운 선택이 아닙니다.
비난받을 수도, 소외될 수도, 때로는 손해를 볼 수도 있으니까요.

하지만 당신의 용기 있는 한 마디가
누군가에게는 희망이 되고,
더 나은 변화를 향한 시작이 될 수도 있습니다.

옳지 않다고 느껴지는 순간,
그저 지나치기보다 잠시 멈춰 서 보세요.
지금, 내가 해야 할 말이 있다면
조심스럽게라도 목소리를 내는 용기를 가져 보세요.

스스로 정의의 기준을 세운다

【명상록 제10권 13장】

아침에 깨어나면 즉시 자문해 보라. "다른 사람들의 비난이 과연 정의롭고 올바른 행동을 변화시킬 수 있는가?" 결코 그럴 수 없음을 깨달아라.

세상에는 이런저런 말이 많습니다.
옳다, 그르다, 왜 그렇게 했느냐는 이야기들이
칭찬과 비난 속에 뒤섞여 쏟아집니다.
하지만 그 소리들에 귀를 기울이다 보면
쉽게 방향을 잃을 수 있습니다.

당신이 따라야 할 기준은 외부가 아니라, 당신의 내면에 있습니다.
"이것은 정의롭고 올바른 일인가?"
이 질문에 대한 나의 대답이 분명하다면 흔들릴 이유는 없습니다.

결국 중요한 것은,
오늘 하루가 스스로에게 부끄럽지 않았는가 하는 것입니다.
그것만이 진정한 판단의 기준입니다.

약한 사람을 돕는다

【명상록 제9권 1장】

> 도움이 필요한 사람들을 돕는 것은 인간의 기본적인 의무이다. 강한 자가 약한 자를 돕지 않는 것은 우주의 질서를 거스르는 것이다.

우리 주변에는 도움이 필요한 이들이 있습니다.
그들을 외면하지 말고, 도움의 손길을 내밀어 보세요.

길 잃은 아이에게 방향을 알려 주는 것,
어르신의 무거운 짐을 들어 드리는 것,
지식을 나누고 경험을 공유하는 것.
정의는 이런 일상적인 선택 속에서 살아 숨 쉽니다.

우리 모두는 언젠가 약한 위치에 놓일 수 있습니다.
질병, 사고, 실직처럼, 삶에는 예고 없는 일들이 발생하니까요.
그리고 그때가 되어서야,
누군가의 도움이 얼마나 소중한지 깨닫게 됩니다.

강함이란 타인을 지배하는 힘이 아니라
타인을 돕는 능력입니다.
당신의 지식과 자원, 시간과 관심을 필요한 이들과 나눌 때,
진정한 강함이 빛날 것입니다.

자신의 생각에 책임을 진다

【명상록 제10권 24장】

> 당신의 이성이 어떤 목적을 향해 나아가고 있는지 살펴라. 마음속 생각들이 어떤 결실을 맺을지 항상 주의하고, 그에 책임지는 자세를 가져라.

우리의 삶은 결국 '무엇을 어떻게 생각하느냐'에 달려 있습니다.
즉 생각은 단순한 흐름이 아니라, 책임져야 하는 선택입니다.
지금 내 이성이 어느 방향으로 작동하고 있는지를 묻는 것은,
내가 어떤 삶을 살고 있는지를 묻는 것과 같습니다.

생각은 스스로를 정당화하기도 하고 속이기도 하며,
때로는 우리를 성장시키는 도구가 되기도 합니다.
중요한 것은 그 생각이 어디를 향하고 있는지,
무엇을 위해 쓰이고 있는지를 끊임없이 점검하는 일입니다.

자신의 생각을 방치하지 마세요.
무의식의 흐름에 따라가지 말고,
이성이 흐려지지 않도록 날마다 점검하세요.

스스로의 방향을 묻고 다시 다듬는 그 과정이야말로
나의 인생을 주체적으로 살아가는 첫걸음입니다.

무슨 일이 있어도 선함을 유지한다

【명상록 제7권 15장】

> 다른 사람이 어떤 말이나 행동을 하든, 당신은 항상 선함을 유지해야 한다. 에메랄드가 자신의 색을 잃지 않고 금이 그 순도를 지키듯이, 당신의 선함도 외부 상황과 관계없이 항상 일관되어야 한다.

세상은 종종 당신의 선한 마음을 시험합니다.
누군가는 당신의 친절을 오해하고,
또 다른 이는 당신의 배려를 당연하게 여깁니다.
때로는 선의가 배신으로 돌아오기도 하지요.

하지만 이런 상황들이
당신의 본질을 바꿀 이유는 없습니다.

다이아몬드는 어떤 압력에도 부서지지 않고,
깊은 바다는 거센 폭풍에도 흔들리지 않습니다.
마찬가지로 당신의 선함 또한
고난과 역경 속에서도 변함없이 지켜져야 합니다.

어떤 환경에서도 선의를 잃지 않는 사람이
결국 가장 강한 사람입니다.
그 일관된 태도가 당신의 정체성을 만들고,
당신의 진정한 가치를 세상에 보여 줄 것입니다.

결단력 있게 행동한다

【명상록 제10권 12장】

> 무엇을 해야 하는지 알면서도 왜 주저하고 두려워하는가? 목표가 분명하다면 망설이지 말고 단호히 전진하라. 목표가 불분명할 때는 잠시 멈추어 현명한 조언을 구하라. 장애물이 나타나면 침착하게 상황을 판단하고, 정의의 원칙을 지키며 최선을 다하라.

알면서도 행동하지 않는 순간들이 있습니다.
마음은 이미 답을 알고 있는데
몸은 여전히 제자리에 머물러 있는 순간들 말이지요.

우리는 왜 주저하게 될까요?
실패에 대한 두려움, 비난받을지도 모른다는 걱정,
익숙한 것을 떠나는 불안함,
이 모든 것들이 우리의 발걸음을 붙잡기 때문입니다.

그러나 명확한 목표가 있다면 과감히 나아가세요.
결단력 있는 행동은 그 자체로 힘이 있습니다.

장애물이 나타나더라도 당황하지 마세요.
깊이 호흡하고 상황을 관찰한 후
원칙을 지키며 문제를 해결해 나간다면,
당신이 원하는 것이 무엇이든, 결국 이룰 수 있을 것입니다.

좋은 평판을 유지하려 노력한다

【명상록 제10권 8장】

> 착하고 겸손하며 진실한 사람이라는 명성을 얻었다면, 그 평판이 바뀌지 않게 조심하라. 혹시 그 명성을 잃어버렸다면, 서둘러 회복하라.

사람들 사이에서 당신의 이름이 언급될 때,
어떤 단어들이 함께 떠오르길 원하나요?
'신뢰할 수 있는', '정직한', '지혜로운', '관대한'...
이런 수식어들은 하루아침에 얻어지지 않습니다.

좋은 평판은 쌓기 어렵지만, 무너지는 것은 순식간입니다.
수많은 일관된 선택들이 모여 만들어진 결과이기 때문입니다.
한순간의 잘못된 판단이나 부적절한 행동이
오랜 시간 쌓아온 신뢰를 무너뜨릴 수도 있습니다.

잠깐의 실수로 인해 평판에 금이 갔다면,
그것을 회복하기 위해 즉시 행동하세요.
진심 어린 사과와 책임 있는 행동,
변화를 보여 주는 지속적인 노력이 필요합니다.

당신의 이름이 어떤 가치와 연결되길 원하는지,
항상 그 질문을 마음에 품고 살아가세요.

공동체 안에서 살아간다

6부

타인을 이해한다

【명상록 제9권 27장】

누군가가 당신을 비난하거나 증오할 때, 그의 마음속을 들여다보라. 그 안에는 이해 받지 못한 상처 혹은 무지가 있을지 모른다. 따라서 그의 말에 감정적으로 반응할 이유가 없으며, 그를 인간 본성상 친구로 여겨야 한다. 그것이 공동체 안에서 살아가는 이성적 존재의 태도이다.

모든 비난과 분노 뒤에는
보이지 않는 상처나 두려움이 숨어 있습니다.
당신을 비난하는 사람은,
어쩌면 자신의 불안을 밖으로 표출하고 있는지도 모릅니다.

그러니 그의 말에 상처받거나 함께 분노하는 대신,
그가 어떤 관점에서 세상을 보고 있는지,
또 어떤 경험이 그런 시각을 만들었는지 생각해 보세요.

우리는 같은 하늘 아래, 각기 다른 삶을 살아갑니다.
하지만 이성적 존재로서 서로를 이해하려는 노력이야말로,
우리가 함께할 수 있는 가장 인간다운 방식일지도 모릅니다.

이해한다는 것이 곧 동의한다는 뜻은 아닙니다.
그것은 그 사람도 나처럼 느끼고 생각하는 하나의 인간임을 받아들이고,
서로 다른 관점을 가질 수 있음을 인정하는 일입니다.

우리는 서로 돕기 위해 태어났다

【명상록 제8권 59장】

> 인간은 서로 돕고 협력하기 위해 존재한다. 그러니 누군가가 잘못된 행동을 했을 때 최대한 가르치고 이끌어야 한다. 하지만 그조차 어렵다면, 인내하는 것 또한 당신이 보여 줄 수 있는 중요한 덕이다.

인류의 위대한 성취들은
결코 한 사람만의 힘으로 이루어진 것이 아닙니다.
우리의 문명, 도시, 기술, 예술 등 모든 것은
수많은 사람들의 지혜와 노력이 모여 만들어졌습니다.
즉, 우리는 서로 돕고 함께 성장하기 위해 태어났습니다.

누군가가 실수를 하거나 잘못된 길을 걸을 때,
그에 대한 첫 번째 반응은 비난이 아닌 안내여야 합니다.
우리는 모두 배움의 과정 속에 있고,
때로는 가르치는 사람이, 때로는 배우는 사람이 될 수 있기 때문입니다.

당신의 지식과 경험으로 누군가를 이끄는 길잡이가 되세요.
그것이 공동체 구성원으로서 우리 모두의 책임입니다.

모든 사람의 가치를 존중한다

【명상록 제5권 31장】

> 모든 사람은 자신만의 가치와 존엄성을 지니고 있다. 사회적 지위나 학식에 상관없이 모두를 존중하라. 우리는 부족하지만, 각자의 방식으로 존중 받을 이유가 있다.

우리는 흔히 겉모습이나 직업 같은 피상적인 것으로
타인의 가치를 판단하곤 합니다.
몇 가지 표면적인 기준만으로,
누군가의 삶 전체를 재단해 버리는 것이지요.

하지만 진정한 가치는 측정 가능한 성취나 자격에 있지 않습니다.
그것은 그저 인간이라는 존재 자체에 있습니다.

우리는 모두 각자의 방식으로 세상에 기여합니다.
누군가는 말없이 묵묵하게,
또 다른 이는 더 눈에 띄는 화려한 방식으로요.
어떤 방식이든 그 자체로 의미가 있고,
존중받아야 할 가치가 있습니다.

인간으로서 우리는 모두 불완전하지만,
그 불완전함 속에서도 서로를 존중하며
모든 이가 가지고 있는 고유한 빛을 발견해 보세요.

남을 비난하기 전에 자신을 돌아본다

【명상록 제10권 30장】

> 다른 사람의 잘못을 지적하기 전에, 당신 자신이 같은 잘못을 저지르고 있지 않은지 살펴보라. 대개 우리가 남에게서 가장 싫어하는 면은 우리 자신의 결점이다.

누군가의 행동이 당신을 불편하게 만들 때,
잠시 멈추고 스스로의 모습을 돌아보세요.

남들을 향한 비난은
자신 안에 있는 그림자가 반영된 거울과 같습니다.
당신이 그 사람에게 강한 불만을 느낄 때,
그것은 어쩌면 당신이 마주하고 싶지 않은
자신의 모습일지도 모릅니다.

타인의 자만심이 불쾌하게 느껴지시나요?
그렇다면, 당신 안에 숨어 있을지 모르는 우월감을 조용히 들여다보세요.

누군가를 비난하기 전에 자신을 먼저 돌아보는 습관은
겸손함과 이해심을 키워 줍니다.
그리고 그런 성찰의 시간이 쌓일수록,
타인을 향한 비난은 점차 이해와 공감으로 바뀔 것입니다.

유머를 잃지 않기

【명상록 제7권 3장】

삶은 무대 위의 연극처럼 때로는 우스꽝스러우므로, 거드름을 피우지 말고 유머를 갖추는 것이 현명하다. 웃음은 관계를 부드럽게 하고, 함께 살아가는 이들과의 소통을 더 풍요롭게 만든다.

인생은 진지한 순간들로 가득하지만,
예상치 못하게 웃음이 나오는 순간들도 많습니다.

긴장된 회의실에서의 적절한 농담 한 마디가
얼어붙은 분위기를 녹이고,
새로운 아이디어의 흐름을 이끌어 내기도 하지요.

가끔은 일이 너무 잘못되거나 막막해서,
오히려 웃음이 나오는 경우도 있습니다.
그런 순간에도 긍정적인 생각을 잃지 않는 사람은
삶의 균형을 유지하는 힘을 가진 것입니다.

모든 일을 너무 심각하게 받아들이지 않고
자신의 실수를 웃어넘길 줄 아는 사람은,
타인의 실수 또한 너그럽게 바라볼 수 있습니다.

오늘, 삶의 어떤 순간에서 웃음을 찾을 수 있을지 살펴보세요.
그 따뜻한 여유가 당신과 주변 사람들의 하루를 더 밝게 만들 것입니다.

까다로운 사람들과 어울리는 지혜

【명상록 제9권 42장】

> 세상에는 우리를 화나게 하거나 실망시키는 사람들이 항상 존재한다. 이런 현실을 인정하고, 그들이 변하길 기대하기보다 그들과 평화롭게 지낼 방법을 찾아라.

이 세상에 다양한 성격의 사람들이 존재하는 것은
자연의 법칙과도 같습니다.
비가 내리고 바람이 부는 것을 막을 수 없듯이,
까다로운 사람들의 존재도 피할 수 없지요.

하지만 현명한 사람은 비가 올 때 우산을 찾지,
하늘에 왜 비를 내리냐고 항의하지 않습니다.
마찬가지로, 상대하기 어려운 사람들을 만났을 때
그들이 바뀌기를 바라는 것은 헛된 기대일 수 있습니다.
대신 그 상황에서 최선의 방법을 찾는 것이 현명합니다.

그 사람과 거리를 두거나, 대화 주제를 바꾸거나,
그들의 관점을 이해하려고 노력하거나, 때로는 침묵하는 것,
이 모든 것이 해결책이 될 수 있습니다.

비판을 비난으로 받아들이지 않는다

【명상록 제6권 21장】

> 누군가가 나의 생각이나 행동이 그릇되었다고 말한다면, 나는 기꺼이 내 입장을 바꿀 것이다. 내가 추구하는 것은 체면이나 고집이 아니라 진실이기 때문이다. 진리를 향해 나아가는 과정에서 누군가의 말이 나를 일깨워 준다면, 그것은 충돌이 아니라 성장이다.

누군가가 나의 실수나 잘못을 지적할 때
우리는 자신도 모르게 방어적인 태도를 취하기도 합니다.

하지만 당신에게 더 중요한 것은 무엇인가요?
체면을 지키는 것인가요, 아니면 성장하는 것인가요?

타인의 목소리는, 때때로 우리가 외면한 진실을 비추기도 합니다.
누군가의 조언이 당신을 더 나은 사람으로 만들어 준다면,
그것은 선물입니다.

따끔한 조언을 성장의 기회로 받아들이세요.
누군가의 비판에 부정적으로 반응하기 전에,
그 안에 담긴 진심을 한 번 더 들여다보세요.
우리는 서로의 부족함을 채우고, 함께 성장할 수 있는 존재입니다.

모든 행동은 공동체의 일부이다

【명상록 제9권 23장】

> 혼자만의 이익을 추구하는 행동은 몸 전체에 해를 끼치는 질병과 같다.
> 이기적으로 행동하지 말고, 공동체와 조화를 이뤄야 한다.

어떤 사람이 자신의 이익만을 위해 행동한다면,
그것은 신체의 한 부분이 다른 부분들을 희생시키며
자신만 살아남으려 하는 것과 같습니다.
이는 결국 몸 전체를 파괴하게 되지요.

이와 같이 당신의 모든 행동은 보이지 않는 실처럼
다른 이들과 촘촘히 연결되어 있습니다.
우리는 같은 공기를 호흡하고 같은 물을 마시면서,
같은 자원과 공간을 나누며 살아갑니다.

서로 연결되어 있는 이 사회에서, 당신의 행동이
다른 사람들에게 어떤 영향을 미치는지 생각해 보세요.

공동체의 이익은 결국 당신의 이익이기도 합니다.
함께 잘 살아가는 방법을 찾는 것은,
결국 나 자신을 지키는 일입니다.

남에게 맡길 줄 아는 사람

【명상록 제7권 5장】

> 혼자서 하든 다른 사람의 힘을 빌리든, 당신이 하는 일은 사회에 유익하고 적절한 것이어야 한다. 또한 누군가가 그 일을 나보다 더 잘한다면, 기꺼이 맡길 수 있어야 한다.

혼자서 세상의 모든 일을 다 잘 해낼 수는 없습니다.
우리는 각자 다른 재능과 한계를 지닌 존재니까요.

함께 일을 해 나갈 때 중요한 것은
'누가 하느냐'보다는 '잘 완수되느냐'입니다.
어떤 구성원이 특정 분야에서 당신보다 뛰어나다면,
그것을 위협이 아닌 공동의 자산으로 여기세요.

자신의 부족함을 인정하고 다른 이의 능력을 존중하는 데에는
자존심을 내려놓는 용기가 필요하지만,
이런 태도가 쌓일 때, 우리는 함께 성장하고
더 나은 협력의 장을 만들어 갈 수 있습니다.

원칙을 지키되 부드러움을 잃지 않는다

【명상록 제11권 9장】

> 올바른 이성에 따라 행동하되, 당신을 방해하는 사람들에게도 부드러운 태도를 유지하라. 그들이 당신의 방향을 흔들 수 없게 하면서도, 동시에 그들에 대한 관대함을 잃지 않는 것이 공동체 안에서의 균형이다.

우리는 각자 다른 삶의 지도를 가지고 있습니다.
서로 다른 경험과 가치관이 세상을 해석하는 각자의 방식을 만들죠.
그래서 때때로, 누군가의 행동이 도무지 이해되지 않을 때가 있습니다.

하지만 어린아이가 울음을 터뜨릴 때,
어른이 보기엔 큰일이 아닌 것 같아 보일지라도
그 아이의 세계에서는 너무나 정당한 반응일 수 있는 것처럼,
나만의 기준으로 남을 함부로 판단하는 것은 위험한 일입니다.

진정으로 이성적인 사람은
자신의 시선만이 유일한 진실이라고 믿지 않습니다.
다양한 관점이 모여야 비로소 더 온전한 그림이 그려진다는 것을
이미 알고 있기 때문입니다.

불완전함을 품는 용기

【명상록 제7권 22장】

> 실수를 저지른 사람을 미워하지 않는 것과, 오히려 그를 이해하고 사랑하는 것은 인간만이 할 수 있는 고귀한 행동이다. 그리고 그 일이 당신을 본질적으로 해친 것이 아니라면, 굳이 마음을 닫을 필요는 없다.

'인류애'란 타인의 불완전함을 인정하는 일입니다.
그리고 그 불완전함이 우리 모두의 공통점임을
겸손하게 받아들이는 것입니다.

당신도 누군가에게 상처를 주었을 때
이해 받기를 원하며, 두 번째 기회를 바라지 않나요?

가까운 이들에게 따뜻함을 보이는 것은 어렵지 않습니다.
하지만 진정한 인류애는
모든 인간에게 있는 동일한 존엄성을 인정할 때 피어납니다.

누군가가 잘못을 저질렀을 때,
그를 적으로 여기기보다는 같은 여정을 걷는 동반자로 바라보세요.
다른 길을 택했을 뿐,
당신처럼 삶의 복잡함을 헤쳐나가는 또 한 명의 인간임을 기억하세요.

도움 받을 줄도 알아야 한다

【명상록 제7권 7장】

> 혼자서 모든 것을 해내려 애쓰는 이유가 무엇인가? 전장의 병사가 동료의 도움으로 성벽을 오르듯, 당신도 때로는 타인의 손길이 필요하다. 당신의 임무는 결과를 이루는 것이며, 도움을 청하는 것은 약함이 아니라 목표 달성을 위한 현명한 전략이다.

왜 우리는 때때로 모든 짐을 혼자 짊어지려 할까요?
스스로 모든 것을 해내야 한다는 생각은
오히려 우리의 성장과 가능성을 가로막을 수 있습니다.

도움을 요청하는 것은 약함이 아닌,
현명한 리더십의 표현입니다.
다양한 관점을 수용하고 집단의 지혜를 활용하는 전략이지요.

어려운 과제를 마주하게 된다면 이렇게 생각해 보세요.
"지금 필요한 것은 어떤 기술과 경험인가?"
"누구의 시각이 이 문제를 해결하는 데 도움이 될까?"

중요한 것은 목표를 이루는 것이지,
그 과정에서 얼마나 독립적이었는가가 아닙니다.
함께 일하는 법을 배울 때,
우리는 더 멀리 갈 수 있습니다.

잠시 피하는 것도 방법이다

【명상록 제6권 20장】

> 삶에서의 마찰에 화를 내는 것은 무익하다. 운동 경기 중 긁히고 부딪히듯, 인생에서도 상처는 피할 수 없다. 자신을 지키는 것과 적을 만드는 것은 다른 문제이다. 상대방을 주의하되 그의 인격을 의심하지 말라. 대신, 조용히 공격을 피하는 지혜를 발휘하라.

누군가가 당신을 화나게 할 때,
즉각적으로 반응하는 것이 항상 최선은 아닙니다.
이런 순간에 분노로 맞서는 것은
작은 불씨를 큰 화재로 키우는 것과 같습니다.

인생을 살아가면서 모든 충돌을 피할 수는 없지만,
그 충돌이 관계를 해치지 않도록
지혜롭게 대응하는 법을 배울 수는 있습니다.

대화 중 감정이 격해졌다면
잠시 자리를 비우거나 물리적 거리를 두는 것도 도움이 됩니다.
그 순간의 감정보다 중요한 것은,
나중에 더 침착한 마음으로 대화를 이어 갈 기회를 남겨 두는 것입니다.

때로는 한 발 물러서는 지혜가 필요합니다.
이것이 바로 현명한 사람들이
오래도록 평화로운 관계를 유지하는 비결입니다.

각자의 역할을 존중한다

【명상록 제6권 43장】

> 태양이 비의 역할을 하려 들지 않듯, 우리 각자에게는 고유한 역할이 있다. 서로 다른 수많은 별들이 하나의 목적을 위해 조화롭게 움직이듯이, 당신도 자신의 본분에 충실하라. 그것이 전체의 균형을 이루는 길이다.

태양은 빛을 비추고, 비는 대지를 적십니다.
이 둘은 서로의 역할과 자리를 대신할 수는 없지만,
함께할 때 비로소 생명이 탄생합니다.

이처럼, 우리도 각자의 고유한 위치에서
전체의 조화를 위해 기여하고 있습니다.
당신에게 주어진 본연의 역할은 무엇인가요?

조직, 가정, 그리고 사회 안에서
우리 모두는 고유한 재능과 책임을 가지고 있습니다.
모든 사람이 같은 일을 하려고 한다면
정말 중요한 것들을 놓치게 될지도 모릅니다.

자신의 역할에 충실하고, 다른 이의 자리를 존중하세요.
서로의 다름을 받아들이고 각자의 자리를 지킬 때,
자연의 질서를 따르듯 우리 사회의 조화도 이루어질 것입니다.

분노 대신 이해와 도움을 준다

【명상록 제5권 28장】

> 타인의 불쾌한 면모에 왜 화를 내는가? 모든 사람에게는 이성적인 능력이 있으니, 친절히 조언하고 방향을 제시하여 상대방의 인식을 깨우치는 것이 화를 내는 것보다 낫다. 판단 전에 이해하고, 비난 전에 도움을 주어라.

누군가와 갈등이 생겼을 때, 차분한 대화가 항상 정답인 것은 아닙니다.
그러나 상대를 탓하기보다 이해하려는 태도를 가질 때,
변화의 가능성은 훨씬 더 크게 열립니다.

상황에 따라 적절한 접근이 필요합니다.
때로는 단호한 태도가, 때로는 거리를 두는 선택이,
때로는 시간을 두고 기다리는 인내가 요구될 수도 있습니다.

중요한 것은 첫 반응으로 분노를 선택하지 않고,
상대방의 관점을 이해하려 노력하는 동시에
도움을 줄 수 있는 방법을 찾는 것입니다.

조언은 비난보다 더 큰 힘을 가집니다.
현명한 안내자가 되어 상대가 스스로 깨달을 수 있도록 돕는 것,
그것이 진정한 변화를 이끄는 길입니다.

사람을 다시 믿게 되는 순간들

【명상록 제6권 48장】

> 마음이 무거울 때, 당신 곁에 있는 사람들의 빛나는 덕을 떠올려 보라. 누군가는 겸손하고, 누군가는 너그럽고, 다른 누군가는 놀라운 책임감을 지녔다. 그들은 삶의 어둠 속에서도 꺼지지 않는 등불과 같고, 그들의 존재만으로도 세상은 다시 희망으로 빛난다. 기쁨은 멀리 있는 것이 아니라, 우리 곁에 있는 좋은 사람들의 선함 속에 항상 숨 쉬고 있다.

삶이 무겁게 느껴질 때, 잠시 주변을 둘러보세요.
그곳에 희망의 증거들이 있습니다.

때로는 뉴스의 어두운 헤드라인에 시선을 빼앗겨
가까이 있는 선함을 놓치기 쉽습니다.
하지만 사실 우리는 무수한 빛의 순간들에 둘러싸여 있습니다.

당신의 힘듦을 진심으로 걱정하는 친구의 눈빛,
자신의 몫 이상을 기꺼이 감당하는 동료의 모습,
아무 대가 없이 베푸는 이웃의 작은 친절.

이런 모습들을 마음에 새길 때
인간에 대한 신뢰가 다시 피어나고,
세상이 여전히 살 만한 곳이며,
희망이 언제나 우리 곁에 있음을 깨닫게 될 것입니다.

자연의 질서를 받아들인다

7부

자연에는 옳고 그름이 없다

【명상록 제9권 17장】

> 중력의 힘에 이끌려 내려가는 돌을 두고 잘못되었다고 말할 수 없으며, 위로 던져 올려진 돌의 움직임을 미덕이라고 칭할 수도 없다. 자연의 현상에는 선악의 구별이 존재하지 않듯이, 우리가 세상에 부여하는 도덕적 가치는 사물 자체의 본질과는 무관하다.

낭떠러지에서 떨어지는 돌은 '나쁜' 일을 하는 것이 아닙니다.
햇빛을 향해 피어나는 꽃도 '선한' 행동을 하는 것이 아니지요.
그것들은 그저 자연의 법칙에 따라 움직일 뿐입니다.

하지만 우리는 세상에 의미를 부여합니다.
선과 악, 아름다움과 추함, 성공과 실패,
이 모든 개념은 인간이 만들어 낸 틀입니다.

거대한 우주의 관점에서 보면
모든 것은 그저 있는 그대로 존재할 뿐입니다.
인간의 가치 판단은 시대와 문화에 따라 변하지만,
자연의 법칙은 변함이 없습니다.

이 사실을 받아들이는 순간
우리는 불필요한 판단에서 벗어나고,
세상의 모든 일은 우리의 편견과 무관하게
흘러가고 있다는 것을 깨닫게 될 것입니다.

변화를 자연스럽게 받아들인다

【명상록 제11권 35장】

> 모든 것은 변한다. 이것이 자연의 법칙이다. 변화를 거부하는 것은 고통을 자초하는 것이므로, 흐름을 받아들이고 그에 맞게 적응하라.

봄은 여름에 자리를 내어 주고,
여름은 가을에, 가을은 겨울에 자리를 내어 줍니다.
자연은 변화를 억지로 거부하지 않죠.

당신의 삶도 마찬가지입니다.
새로운 시작과 마무리, 만남과 이별은
피할 수 없는 인생의 순간들입니다.

이럴 때는 물의 지혜를 배워 보세요.
물은 바위를 만나면 길을 틀고,
웅덩이를 만나면 가득 채우며,
벼랑을 만나면 떨어져 새로운 흐름을 만듭니다.

변화는 피할 수 없는 물결입니다.
흐름을 거스르기보다, 유연하게 받아들이세요.
그 유연함이 당신을 더 강하게 만들 것입니다.

모든 일에는 이유가 있다

【명상록 제4권 23장】

> 모든 일에는 그것이 일어나는 이유가 있다. 비록 당신이 당장은 그 이유를 이해하지 못하더라도, 그것은 우주의 질서 안에서 의미가 있는 일이다.

삶은 여러 퍼즐 조각들의 모음입니다.
처음에는 무작위로 흩어진 것처럼 보일지라도,
시간이 지나면 하나의 그림을 이루지요.

예상치 못한 인연, 갑작스러운 헤어짐,
기대하지 않았던 기회, 뜻밖의 실패처럼
지금은 이해할 수 없는 사건들도
더 큰 그림의 일부일 수 있습니다.

때로는 한 걸음 물러서서
더 넓은 관점으로 상황을 바라볼 필요가 있습니다.
단편적인 순간이 아닌, 삶 전체의 흐름을 보려고 노력해 보세요.

모든 일에는 이유가 있습니다.
비록 지금은 보이지 않더라도 언젠가 그 의미가 드러날 테니,
너무 괴로워하지 말고 지금을 살아가세요.

시간은 계속 흐른다

【명상록 제6권 59장】

> 시간이 얼마나 재빠르게 모든 것을 빼앗아 가는지, 얼마나 많은 것들이 이미 사라졌는지를 생각해 보라. 사람들의 환심을 사기 위해 아첨하고, 쓸모없는 것에 힘을 쏟는 것은 부질없는 일이다.

시간은 점점 더 빠르게 흘러가는 것 같습니다.
혁신이라 불리던 기술들은 이미 일상이 되었고,
SF 영화에서나 보던 인공지능은
지금 우리의 주머니 속에 들어 있습니다.

이렇게 빠른 흐름 속에서, 당신은 무엇을 붙잡고 있나요?
원하는 물건을 갖기 위해 지나치게 많은 돈을 쓰거나,
곧 사라질 유행에 모든 에너지를 쏟고 있진 않나요?

시간이라는 거대한 소용돌이 앞에서
그런 노력들은 얼마나 덧없이 느껴지는지요.

그 흐름 속에서 당신이 남기고 싶은 것은 무엇인지,
인생에서 진정으로 중요한 것은 무엇인지,
다시 한번 생각해 볼 때입니다.

짧은 인생의 기회를 잡는다

【명상록 제10권 31장】

> 여러 현자들의 삶을 돌아보며 자신의 위치를 깨달아라. 그들은 이미 사라졌고, 우리도 모두 같은 길을 따를 것이다. 모든 경험은 당신의 이성을 단련하는 기회이다. 불이 쇠를 단련하듯, 시련은 당신을 더욱 강하게 만든다. 삶의 모든 순간을 배움의 기회로 삼아, 진정한 지혜에 이를 때까지 인내하라.

역사 속 위대한 인물들을 떠올려 보세요.
그들도 한때는 우리처럼 숨 쉬고, 걱정하고, 꿈꾸던 이들이었습니다.
하지만 이제 그들 중 누구도 이 세상에 존재하지 않으며,
이것이 우리의 운명입니다.

삶은 강물 위에 그린 그림처럼 순간적입니다.
그러니 이 깨달음을 우울함이 아닌,
지금 이 순간을 더 귀하게 느끼는 힘이 되게 하세요.
불평과 원망으로 시간을 흘려보내지 말고,
이 순간을 온전히 살아가세요.

인내심을 가지고 삶의 모든 순간에서 배운다면,
이 짧은 인생은 의미 있는 길이 될 것입니다.

내 안에도 우주가 있다

【명상록 제4권 27장】

> 이 세계가 완벽한 조화를 이루든 혼돈 그 자체이든, 그것은 여전히 우주라는 본질을 지닌다. 당신의 내면에도 질서가 깃들어 있는데, 어찌 광대한 만물에는 그런 원리가 없다고 생각하는가?

우리 모두는 각자의 우주를 가지고 있습니다.
심장은 규칙적으로 뛰고 폐는 리듬감 있게 숨을 쉬며,
몸에서는 수십조 개의 세포들이 정교한 질서 속에서 움직입니다.

현대 과학도 이 연결성을 다양한 방식으로 보여 줍니다.
양자물리학자들은 입자가 서로 얽혀 있음을 발견했고,
생태학자들은 생명체들의 상호 의존성을 증명했으며,
천문학자들은 우주의 확장 패턴을 관찰했습니다.

이 모든 발견이 가리키는 한 가지 진실은,
당신 안의 질서와 우주의 질서가 다르지 않다는 것입니다.

당신의 일상에서 이 연결을 느껴 보세요.
커피 한 잔을 마실 때면 그 속에 담긴 별의 잔해와 만나고,
숨을 들이쉴 때마다 수억 년 전 식물들이 만든 산소와 하나 되며,
눈을 감을 때 당신 안에서 작용하는 우주의 법칙을 경험해 보세요.

자연의 순환을 이해한다

【명상록 제2권 14장】

> 태어남과 죽음, 성장과 쇠퇴는 모두 자연의 순환이다. 이 순환을 이해하고 받아들이면 평화를 찾을 수 있다.

해변의 파도를 지켜본 적이 있나요?
파도는 끊임없이 밀려왔다가 물러가길 반복합니다.
결코 멈추지 않고, 결코 서두르지 않으며,
자신만의 시간에 따라 춤을 춥니다.

오늘날 우리의 삶에서도 이 순환은 계속됩니다.
우리는 일과 휴식 사이의 리듬을 따르고, 사람들을 만나고 헤어지며,
계속되는 변화의 흐름 속에서 살아갑니다.

자연의 순환을 거스르려는 시도는
손으로 파도를 막으려는 것과 같습니다.
하지만 이것이 변화를 무조건 받아들여야 한다는 뜻은 아닙니다.
진정으로 중요한 것은 그 변화 속에서
스스로 중심을 잡고 균형을 찾는 법을 배우는 것입니다.

흐름 속에서 자신만의 방향을 찾아 나가세요.
그것이 진정으로 강한 사람이 되는 길입니다.

모든 것은 반복된다

【명상록 제10권 27장】

> 지금 벌어지는 일이 특별하게 느껴질지라도, 이미 과거에 비슷한 일이 무수히 반복되어 왔음을 잊지 말라. 배우만 바뀌었을 뿐, 연극은 달라진 것이 없다.

역사는 끊임없이 반복된다고 합니다.
오늘의 뉴스 헤드라인도 수 세기 전의 이야기와 놀랍도록 닮아 있습니다.

과거의 사람들도 우리처럼 사랑하고, 다투고, 걱정하고,
성공을 꿈꾸며 살아갔습니다.
그들의 기쁨과 슬픔, 고민과 열망은 우리의 것과 크게 다르지 않죠.

태양이 매일 뜨고 지듯,
인간의 삶도 반복되는 흐름 속에 존재합니다.
배우만 바뀔 뿐, 인간 드라마의 본질은 변하지 않습니다.

그저 반복된다고 치부할 수도 있지만
그 과정에서 인간은 성장하고, 이해하고, 성숙해집니다.
오늘의 사건을 조금 더 차분하게 바라본다는 것은,
결국 이 거대한 드라마 속에서 자신의 자리를 자각하는 일입니다.

혼돈 속에서도 이성의 빛을 지킨다

【명상록 제12권 14장】

> 우주는 냉혹한 필연성, 자비로운 섭리, 혹은 무방향의 혼돈 중 한 가지 얼굴을 보여 준다. 필연에 저항하지 말고, 섭리에는 열린 마음으로 다가가되, 모든 것이 혼돈이더라도 내면의 이성만은 빼앗기지 말라. 폭풍이 모든 것을 쓸어 가도 당신 내면의 등불은 계속 빛날 것이다.

우리가 어떤 세상에 살고 있는가는 중요하지 않습니다.
세상이 정해 주는 방향보다 중요한 것은,
그 속에서 당신이 지켜 내는 자세입니다.

만약 세상이 필연의 법칙에 따라 흘러간다면,
그 흐름에 맞서 싸우기보다는 받아들이며 걷는 편이 낫습니다.
그리고 열린 마음으로 그 안의 가르침을 찾으세요.
인생의 모든 순간이 당신에게 말을 걸고 있을지도 모릅니다.

만약 이 세상이 그저 혼돈이라면,
바로 그때야말로 당신 안의 이성이 가장 빛날 순간입니다.
폭풍 속에서 등대가 더욱 소중하듯,
혼란 속에서 내면의 명료함은 더욱 값진 것입니다.

어떤 시련이 오더라도, 어떤 혼란이 닥치더라도
당신 안의 이성이라는 등불을 지키세요.
그 빛은 언제나 당신을 안전한 곳으로 안내할 것입니다.

자연의 불완전함에서도 아름다움을 본다

【명상록 제3권 2장】

> 자연이 만들어 낸 모든 것에는 아름다움이 있다. 갈라진 빵, 터진 무화과, 늙은 얼굴의 주름까지도. 진정한 지혜는 완벽함만이 아니라 자연스러운 불완전함에서도 가치와 아름다움을 발견하는 것이다.

당신은 얼마나 자주 '완벽함'을 추구하시나요?
주름 없는 피부, 흠 없는 상품, 실패 없는 계획…
우리는 때로 '완벽함'을 '아름다움'의 동의어로 착각하지만,
자연은 전혀 다른 언어로 아름다움을 이야기합니다.

불규칙하게 흘러내리는 폭포의 곡선,
사자의 거친 갈기, 늙은 나무의 구부러진 가지와 같은 '불완전함'은,
자연이 만들어 낸 가장 자연스러운 아름다움입니다.

당신의 인생에도 이 지혜를 적용해 보세요.
불완전함을 받아들이는 것은 패배가 아니라 통찰입니다.

무너진 계획에서 배움의 가능성을,
고통스러운 경험에서 성숙의 순간을 발견할 수 있다면,
당신의 하루하루는 의미로 가득 찰 것입니다.

우주의 선한 본질을 신뢰한다

【명상록 제6권 1장】

> 만물을 움직이는 위대한 이성에는 악의가 존재하지 않는다. 이 순수한 원리는 어떤 존재에게도 해를 끼치지 않으며, 이기적인 의도를 품지 않는다. 모든 것은 이 완전한 질서에 따라 형성되고 발전한다.

자연의 법칙에는 복수도, 저주도 없습니다.
낮과 밤이 교차하고, 계절이 순환하며,
바다가 밀물과 썰물을 반복하는 것은
그 어떤 편애나 악의도 없는 순수한 움직임입니다.

우주의 이 선한 본질은 당신의 존재 안에도 흐릅니다.
당신의 심장이 쉬지 않고 뛰고,
세포들이 스스로를 치유하는 그 질서 속에도
이 선한 원리가 작동하고 있습니다.

두려움과 불신으로 세상을 바라보지 마세요.
근본적인 선함을 신뢰하며 살아갈 때
당신도 우주의 선한 흐름에 동참하게 될 것입니다.

전체 속에서 나의 역할을 찾는다

【명상록 제2권 9장】

> 당신은 거대한 우주의 작은 부분이다. 그 안에서 당신의 역할을 찾고, 그것을 충실히 수행하라.

여러 악기로 구성된 오케스트라를 떠올려 보세요.
각기 다른 소리를 내지만,
함께 어우러질 때 진정한 화음이 탄생합니다.

당신 또한 세상이라는 웅장한 오케스트라에서
고유한 음색과 대체 불가능한 소리를 가진 하나의 악기입니다.
각각의 악기가 자신만의 파트를 연주하듯,
당신에게도 자연스럽게 어울리는 자리가 있습니다.

당신은 어떤 일을 할 때 가장 충만함을 느끼고 몰입하게 되나요?
그 답을 찾아가는 여정이 곧 삶입니다.

전체 속에서 자신의 자리를 인식할 때,
작은 행동도 더 큰 의미를 가집니다.
그것이 우주 속에서 당신이 빛나는 방식입니다.

운명이 건네준 소중한 인연들

【명상록 제6권 39장】

> 당신에게 주어진 모든 것을 기꺼이 수용하라. 운명의 흐름이 당신 곁에 데려온 이들을 진정한 마음으로 받아들이고, 진실되고 온전한 사랑으로 그들을 대하라.

당신의 삶에는 우연처럼 스쳐 지나가는 사람들이 있습니다.
직장 동료, 오래된 친구, 옛 연인,
심지어 길에서 마주친 낯선 이들까지 말이지요.

하지만 이 만남들이 정말 '우연'일까요?
그들은 자연의 섬세한 흐름이 당신 곁으로 데려온 존재들입니다.

누군가는 당신에게 무언가를 전하기 위해,
누군가는 당신에게서 배움을 얻기 위해,
또 다른 이는 그저 당신 곁에 머무르기 위해 찾아왔을지도 모릅니다.
그러니 그들을 진심으로 맞이하세요.

인연의 의미는 종종 시간이 흐른 후에야 깨닫게 됩니다.
운명이 당신에게 건넨 인연들을 소중히 여기고,
당신에게 주어진 시간을 그들과 정성껏 살아가세요.

거울 앞에서 당신의 표정을 마주할 때

【명상록 제7권 24장】

> 당신의 찡그린 표정은 아름다움을 서서히 지워 내고, 결국 되돌릴 수 없는 흔적을 남긴다. 이런 표정은 자연의 흐름을 거스른다는 사실을 깨달아야 한다. 자신의 행동이 조화로운 삶에서 벗어났음을 인식하지 못한다면, 어찌 진정한 삶의 의미를 찾을 수 있겠는가?

얼굴의 근육은 반복된 감정을 기억합니다.
매일 찡그리고 불평하며 부정적인 감정을 표현하면,
그 표정은 점차 얼굴에 새겨지겠지요.

그러나 이런 표정은 자연의 흐름을 거스르는 것입니다.
자연은 본래 조화와 균형을 추구하지만,
부정적인 표정은 긴장과 불균형을 만들어 내기 때문입니다.

표정은 내면을 비추는 거울이지만,
동시에 내면을 형성하는 도구이기도 합니다.
찡그린 얼굴로는 평온한 마음을 유지하기 어렵고,
웃는 얼굴은 분노를 오래 품지 못하게 합니다.

지금 거울 앞에 서 보세요.
당신의 표정은 당신이 추구하는 삶의 가치를 보여 주고 있나요?
의식적으로 표정을 다듬는 작은 실천은
곧 내면의 변화로 이어질 것입니다.

보이지 않는 힘을 보는 눈

【명상록 제10권 26장】

> 우리의 감각으로는 감지할 수 없는 힘이 모든 생명의 근원을 이룬다. 겉으로 드러나지 않는 이 숨겨진 질서를 마음의 눈으로 통찰하라. 표면 아래 흐르는 이 깊은 원리를 이해할 때, 비로소 존재의 진실에 다가설 수 있다. 보이는 세계 너머에 진정한 앎이 있음을 명심하라.

꽃이 피어나는 장면은 아름답지만,
그 안에서 생명을 틔우는 힘은 눈에 보이지 않습니다.
가을 낙엽이 떨어지는 모습은 볼 수 있지만,
그것을 끌어당기는 중력은 보이지 않습니다.

겉으로 드러나지 않는 이 숨겨진 질서를
마음의 눈으로 바라보세요.
표면적인 현상 너머, 그 이면의 원리를 느껴 보세요.

구름이 모여 비가 되는 과정에서 자연의 숨겨진 법칙을 발견하고,
침묵 속에서 성장하는 나무의 뿌리에서 보이지 않는 인내의 힘을 배우세요.

보이는 세계 너머에 진정한 깨달음이 숨어 있습니다.
눈에 보이는 것만이 진실이라 믿는다면,
당신은 그저 표면만 스치고 있는 것입니다.

죽음을 두려워하지 않는다

8부

오늘이 마지막 날이라면

【명상록 제2권 5장】

> 경솔함과 위선을 버리고, 마치 지금이 최후의 순간인 것처럼 행동하라. 그렇게 살 때에야 비로소 마음은 진정한 휴식을 얻는다. 신이 우리에게 요구하는 것도 그 이상은 아니다.

오늘이 당신의 마지막 날이라면 어떤 선택을 하시겠습니까?
충동적인 결정과 가식적인 행동을 내려놓고,
진심과 본질에 충실한 삶을 살고 싶지 않으신가요?

삶의 마지막 순간을 상상하면,
불필요한 걱정과 타인의 시선에 대한 집착은 자연스레 흐려집니다.
겉치레와 허영에 시간을 낭비하기보다는
진정으로 중요한 것에 집중하게 되지요.

외부의 소음에 흔들리지 않는 내면의 평화,
그것이야말로 죽음 앞에서도 동요하지 않는 현명한 삶의 비결입니다.

삶은 복잡해 보이지만 그 본질은 단순합니다.
이성의 목소리에 귀를 기울이고
자신의 본성에 충실하게 살아가는 것.
그 외의 모든 것은, 시간 속에서 자연스럽게 자리를 잡을 것입니다.

죽음은 소멸이 아닌 전환

【명상록 제7권 32장】

> 죽음이 우리를 흩어지게 하든, 원자로 분해하든, 완전히 소멸시키든, 그것은 단지 우리의 존재가 다른 형태로 전환되는 과정일 뿐이다.

우리가 죽으면 육체는 사라지지만,
그것은 끝이 아닌 새로운 시작일지도 모릅니다.

물리학자들은, 에너지는 결코 소멸되지 않으며
단지 형태를 바꿀 뿐이라고 말합니다.
우리 몸을 구성하는 원자들 역시 마찬가지입니다.

당신의 몸속에 있는 탄소 원자는 아득한 옛날,
어느 별의 중심에서 태어났을지도 모릅니다.
그 별이 폭발하며 우주로 흩어졌고,
먼 여정 끝에 당신의 일부가 된 것입니다.

이렇게, 죽음은 끝이 아니라 전환일 수 있습니다.

비록 '나'라는 의식은 사라질지 모르지만
우리를 이루던 모든 것은 새로운 형태로,
여전히 이 세계 속에 존재하며 또 다른 여정을 이어 갈 것입니다.

내 몫으로 주어진 삶

【명상록 제6권 49장】

> 당신은 왜 수명이 짧다고 불평하는가? 주어진 물질에 만족하듯, 주어진 시간에도 만족해야 한다. 그것이 당신 몫으로 주어진 삶이다.

인생은 페이지 수가 정해진 책과 같습니다.
어떤 이의 책은 두껍고 어떤 이의 책은 얇지만,
중요한 것은 그 안에 담긴 이야기의 깊이입니다.

짧은 시간 속에서도 깊은 깨달음을 얻은 사람들이 있습니다.
모차르트는 35세에 생을 마감했고
고흐의 활발한 창작 기간은 단 10년이었지만,
그들의 삶이 덜 충만했다고 말할 수 있을까요?

인생의 시간은 각자에게 다른 모습으로 주어집니다.
그러므로 그 양을 두고 비교하거나 다투기보다는,
주어진 시간을 어떻게 채울지를 고민해야 합니다.

삶의 가치는 그 길이가 아니라,
그 안을 얼마나 깊이 있게 살았는가에 달려 있습니다.

무엇을 그토록 얻겠다고

【명상록 제4권 48장】

> 죽음은 누구도 피할 수 없다. 황제도, 노예도, 부자도, 가난한 자도 결국 마지막을 맞는다. 이 평등함을 이해하면, 당신은 겸손해질 것이다. 이 짧은 시간을 자연에 따라 만족스럽게 살다가 여행을 마치자. 마치 완전히 익은 올리브가 자연을 찬양하며, 키워 준 나무에 감사하며 떨어지듯이.

고대 이집트의 파라오들은 영생을 위해 거대한 피라미드를 세웠지만,
결국 모래 속에 묻혔습니다.
실리콘밸리의 억만장자들 또한 첨단 기술에 막대한 돈을 쏟아붓지만,
같은 운명을 피할 수는 없을 것입니다.

이 보편적 진실을 이해할 때,
우리는 진정한 겸손을 배울 수 있습니다.
지위, 재산, 명예에 대한 집착을 버리고
인간 존재의 본질적 평등함을 깨닫게 되는 것이지요.

삶이란 짧은 여행입니다.
이 한정된 시간을 자연의 흐름에 맞추어 충실하게 살다가
감사하는 마음으로 마무리할 수 있다면,
그것이 가장 지혜로운 삶일 것입니다.

삶을 내려놓는 시간

【명상록 제9권 3장】

> 죽음을 경멸하거나 두려워하지 말라. 그것은 출생, 성장, 노화와 같은 자연의 과정 중 하나일 뿐이다. 아기가 태어나기를 기다리듯, 영혼이 육체를 떠나는 순간도 자연스럽게 받아들여라.

죽음은 삶의 자연스러운 완성입니다.
노을이 마지막 빛을 조용히 거두어들이듯,
우리의 존재도 시작과 끝이 있는 것이지요.

출생, 성장, 노화의 과정을 거치며
우리는 자연의 흐름에 따라 살아갑니다.
죽음은 그 여정의 마지막 단계일 뿐,
두려워할 대상이 아닙니다.

우리도 자연의 흐름에 따라
편안히 이별할 준비를 할 수 있습니다.

새로운 계절의 도래를 기다리는 마음으로,
생명의 순환을 온전히 완성하는 순간을 평온하게 맞이할 수 있다면
지금 이 순간의 삶도 더욱 의미 있게 빛날 것입니다.

무엇을 남기고 떠날 것인가

【명상록 제8권 2장】

> 행동하기 전에 스스로에게 물어보라. "이 행동은 나의 본성에 맞는가? 내가 곧 세상을 떠난다면, 이 선택을 후회하지 않을 것인가?"

우리가 마지막 숨을 내쉬는 순간
삶에 대한 진짜 질문이 떠오릅니다.
"나는 내가 믿는 가치에 따라 살았는가?"

결국 삶의 마지막 순간에 떠오르는 것은 성취나 명예가 아니라,
진정성 있게 살았던 순간들일지도 모릅니다.

이성적 존재로서, 그리고 사회의 일원으로서
우리는 어떤 삶을 살아가야 할까요?
매 순간의 선택에서 자문해 보세요.
"이것이 내 마지막 행동이 된다면,
나는 이 선택을 자랑스럽게 여길 수 있을까?"

삶은 결국 선택의 연속입니다.
그 선택들이 당신의 본성과 일치한다면,
그것으로 충분합니다.

자연이 준비한 또 하나의 길

【명상록 제2권 12장】

> 도착지가 나쁜 곳이 아니라면, 길을 떠나는 것을 두려워할 이유가 없다. 자연은 우리를 순리대로 이끌었고 이제 우리를 풀어 주려 한다. 당신은 이 세상에 묶여 있지 않다는 것을 기억하라.

죽음을 아직 가 보지 않은 낯선 곳이라고 생각해 보세요.
익숙하지 않아 낯설게 느껴질 수 있지만,
어쩌면 그곳은 우리의 생각보다
훨씬 자연스러운 곳일지도 모릅니다.

모든 과정이 자연의 법칙에 따라 흘러왔듯이,
이 마지막 여정도 같은 법칙의 일부일 뿐입니다.

우리는 이 세상에 영원히 묶여 있지 않습니다.
새가 둥지를 떠나 하늘로 날아오르듯,
우리도 언젠가 이곳을 떠나게 됩니다.

자연은 우리를 태어나게 했고,
이제는 또 다른 모습으로 우리를 놓아주려 합니다.
그것은 끝이 아닌, 새로운 시작일지도 모릅니다.

알면서도 놓치는 것들

【명상록 제4권 37장】

> 시간이 얼마 남지 않았건만, 여전히 마음은 조급하고 타인에게 친절하지 못하다. 무엇이 중요한지 알면서도 사소한 걱정에 휘둘리고 있지 않은가? 정의롭게 살아야 한다는 단순한 진실조차 온전히 실천하지 못하고 있지는 않은지 되돌아보아야 한다.

시간은 빠르게 흘러가는데,
정신은 여전히 사소한 일들에 붙잡혀 있습니다.

죽음을 향해 걸어가면서도 마치 영원히 살 것처럼 계획하고,
시간이 무한한 듯 흘려보냅니다.
죽음이라는 스승 앞에서도 집중하지 못하는 것입니다.

모든 것이 사라질 때 남는 것은
당신의 재산이나 명예가 아니라, 정의롭고 친절했던 태도입니다.
그러나 우리는 마지막 순간까지도
외부의 평가에 불안해하고, 타인을 향한 친절함을 잊습니다.

시계가 멈추기 전까지는 누구에게나 깨달음의 기회가 있습니다.
그 사실을 잊지 마세요.

기억되고 싶은 헛된 욕망

【명상록 제4권 19장】

> 당신을 기억할 사람들은 언젠가 죽고, 그 기억조차 결국 사라진다. 다른 사람들의 의견에 집착하는 동안, 당신은 지금 이 순간의 삶을 거절하고 있는 것이다.

SNS에 완벽한 사진을 올리느라
정작 그 순간 자체를 놓치고 있지는 않나요?
몇백 개의 '좋아요'가 모여도
그것은 잠시 후 사라질 흔적일 뿐입니다.

나를 특별하게 기억해 주길 바랐던 사람들은
언젠가는 사라질 존재들입니다.
오늘의 '핫'한 인플루언서도, 이름을 떨쳤던 역사 속 위인도
결국 시간의 흐름 앞에 모두 잊혀집니다.

기억되기 위한 삶만을 좇으면,
정작 기억할 만한 삶을 살지 못하게 됩니다.

그러니 다른 누구를 위해서가 아닌,
바로 당신 자신을 위해 이 순간을 온전히 살아가세요.

마지막까지 나를 지키는 일

【명상록 제12권 15장】

> 불빛이 완전히 사그라질 때까지는 그 빛을 잃지 않듯이, 당신의 신념도 끝까지 흐려지지 않아야 한다. 삶이 저물어 갈수록 더 단단히 붙들어야 할 것은 바로 당신 안의 중심이다.

저녁 하늘의 별은 해가 지고 나서야 그 빛을 드러냅니다.
우리의 신념도 마찬가지입니다.
삶이 어두워질수록, 그 진가가 더욱 분명히 드러나야 합니다.

젊을 때의 열정은 누구나 쉽게 품을 수 있지만,
삶의 진면목은 오히려 고요하고 쓸쓸한 시간에 찾아옵니다.
몸이 쇠약해지고 세상과 멀어질수록,
마음을 곧게 세우는 일은 더 큰 용기를 필요로 하지요.

크고 화려한 빛이 아니어도 됩니다.
흔들림 없이 남아 있는 작은 온기로도 세상을 비출 수 있습니다.
그리고 그 조용한 빛 한 줄기가,
삶의 끝자락에서 누군가의 어둠을 덜어 줄지도 모릅니다.

인생이라는 한 편의 영화

【명상록 제2권 4장】

> 당신의 생명이 유한하다는 것을 항상 기억하라. 그러면 시간을 낭비하지 않고, 중요한 것에 집중하게 될 것이다.

우리 모두는 한 장의 티켓을 들고
'인생'이라는 영화를 보고 있습니다.
그 영화는 언젠가 반드시 끝이 납니다.
'죽음'이라는 마지막 장면 앞에서
당신은 어떤 이야기를 남기고 싶나요?

삶의 한계를 인식하면 우선순위가 분명해집니다.
'언젠가'라는 환상에서 벗어나
'지금'이라는 현실에 집중하게 되지요.

하고 싶었던 일, 말하고 싶었던 진심,
지금이 아니면 언제 할 수 있을까요?

당신 인생의 시계는 지금도 흐르고 있습니다.
오늘, 그 소중한 시간을 어디에 쓸 건가요?

삶은 잠시 빌린 옷일 뿐

【명상록 제4권 50장】

> 삶에 집착하는 사람들을 보면 오히려 죽음이 두렵지 않다. 그렇게 오래 살아서 결국 무엇을 더 얻는단 말인가? 누구나 결국은 무덤에 눕는다. 탄생과 죽음 사이는 짧고, 그 사이엔 고통과 불완전함이 가득하다. 삶을 과대평가하지 말라.

인류 역사의 거대한 시간 속에서
당신의 삶은 불꽃처럼 짧은 순간에 불과합니다.
오래 살거나 짧게 사는 것이 그토록 중요할까요?

삶을 거창한 선물이라기보다는,
잠시 빌려 입은 옷이라고 생각하세요.
너무 소중히 여겨 흠집이라도 낼까 두려워하지 말고,
너무 가볍게 여겨 아무렇게나 입지도 마세요.

지나친 집착은 고통을 부르고,
무심한 태도는 삶의 의미를 잃게 합니다.
그저 충실히 살아 낸 뒤,
때가 되면 담담히 내려놓을 준비를 하세요.

그리고 언젠가 반납할 시간이 찾아오면 깨끗이 개어,
감사한 마음으로 고요히 돌려주세요.

생의 마지막을 담담히 받아들이기

【명상록 제10권 36장】

임종의 자리에서 그의 죽음을 기뻐하는 이가 없다면, 그것은 얼마나 행복한 일인가. 이별에 저항하며 질질 끌려가지 말고, 자연이 맺어 준 인연을 따라 조용히 떠나라.

많은 이들이 삶의 끝자락에서 주저합니다.
조금이라도 더 머물고자 애쓰고,
마지막 순간을 붙잡으려 안간힘을 쓰지요.
그러나 그런 저항이 정말 필요한 것일까요?

당신의 마지막을 앞두고
누군가의 눈에서 진심 어린 눈물이 흐른다면,
당신의 존재는 분명 의미 있었던 것입니다.

두려움 없이 마지막 순간을 맞이하세요.
떠나는 것은 끝이 아니라,
당신이 남긴 기억과 사랑 속에서 계속되는 여정입니다.

마지막 숨을 내쉬는 순간까지 삶의 주인으로 남을 수 있다면,
그것이야말로 온전한 마무리입니다.

삶과 죽음은 하나다

【명상록 제4권 14장】

> 삶과 죽음은 서로 분리된 것이 아니라 하나의 과정이다. 삶이 있으면 반드시 죽음이 있고, 죽음이 있어야 새로운 삶이 있다. 당신은 사라지는 것이 아니라 되돌아가는 것이다.

낮과 밤의 경계에서 해가 지는 순간을 바라보세요.
낮이 끝난 것일까요, 아니면 밤이 시작된 것일까요?
그것은 단지 하나의 자연스러운 흐름을 우리가 나눈 것일 뿐이죠.

삶과 죽음도 그렇습니다.
이 둘은 서로 반대편에 서 있는 개념이 아니라,
동일한 여정의 서로 다른 국면일 뿐입니다.

죽음은 생명이 치러야 할 슬픈 대가가 아니라
오히려 생명이 태어나게 하는 필연적인 과정입니다.
오래된 나뭇잎이 떨어져 흙이 되어야
그 자리에 새로운 싹이 자라는 것처럼요.

수십억 년 동안 순환해 온 별의 파편들이
잠시 '나'라는 형태로 모였다가, 다시 우주의 품으로 돌아갑니다.
이것은 끝이 아니라,
삶을 완성하는 하나의 과정이라는 사실을 잊지 마세요.

초역 명상록
마음의 평화를 찾는 가장 쉬운 길

초판 1쇄 발행 2025년 5월 30일
초판 3쇄 발행 2025년 10월 1일

지은이 마르쿠스 아우렐리우스
엮은이 필로소피랩
출판팀장 서수진
출판파트장 김혜리
책임편집 마인선
마케팅 이서진, 정다운, 정서경
디자인 정나영(@warmbooks_)

브랜드 각주
주소 경기도 성남시 분당구 불정로 6 네이버 그린팩토리 15층

펴낸곳 케이크 주식회사
펴낸이 이충희
출판등록 2022년 5월 24일 제2022-000080호

ISBN 979-11-94415-09-1 (03160)

각주는 케이크 주식회사의 철학, 인문학, 자기계발 출판 브랜드입니다.

* 책값은 뒤표지에 있습니다.
* 잘못된 책은 구입처에서 환불 또는 교환하실 수 있습니다.
* 본 도서와 관련된 문의는 아래 이메일로 보내 주시기 바랍니다.
  dl_kr.book.cs@cakecorp.com